無痛
學作文

黃玄、蔡惠芬 著

最新學測

國寫應考技巧

實戰練習

目錄　無痛
學作文

情意題篇／

無痛
學作文　目錄

作者序

　　本書是從《中學生報》的〈作文方程式〉專欄集結而成，長達兩年的連載，每一篇都是教學檔案，不僅記錄了課堂上的講解，也記錄了學生辛苦完成的結晶。每每看到學生完成作品，一一排隊等待老師個別指導時，那細細聆聽，或微笑點頭，或深思提問的神情，都令我們感動；最後，學生們總是有默契似的以一聲「謝謝老師！」結尾——那一刻，師生之間彷彿不再是師生，而是攜手向目標邁進的好夥伴。

　　考試，畢竟是辛苦的。為了讓這些準備大學考試的學生能「無痛」學習，我們儘量選擇接近學生生活的題目，讓作文題目可以連結生活，不再是硬梆梆的考題。不過，由於版面的限制，題目字數只好壓縮到最小，卻也保留了最大的命題精神及答題難度。

　　這兩年多來，除了承蒙讀者的支持之外，特別感謝中學生報副

總編輯郭玉慧、主編張至寧，總是在內容規劃、版面呈現上，給予最大的協助與鼓勵。而這本書的問世，更要感謝逾 25 年好友陳健美的引薦，以及遠流出版社的厚愛。在此致上最深切的謝意！

黃玄、蔡惠芬

2019.12.22

無痛
學作文

前言
升大學國寫測驗的應考策略

文 / 黃玄

　　財團法人大學入學考試中心基金會（簡稱「大考中心」）規劃，自 107 學年度起，針對學科能力測驗（簡稱「學測」）之國文一科，將國語文寫作能力測驗（簡稱「國寫」）獨立一堂施測，命題方向及取材涵蓋了人文、社會、自然、藝術……等學科領域，來評量考生是否具備就讀大學的中文寫作能力。

　　必須提醒考生的是，國寫測驗共考兩大題，每一大題 25 分，兩大題得分就佔了學測國文成績的 50%，比重極高，絕對不可小覷。

破解國寫題型

在 107 年學測中，國寫測驗首度上場，考生們要在短短 80 分鐘之內，完成「知性題」與「情意題」兩種思路迥然不同的文章。事後，台北市建國中學林明進老師認為，新式國寫考題只有台灣金字塔頂端 5% 的考生才能寫得完也寫得好。

從 108 年起，國寫測驗延長為 90 分鐘，但是考生與師長們依舊擔心作答時間過於緊迫，因此，目前大考中心設定國寫的閱讀材料，字數以 800 字為上限，內容可粗分為兩大類：

整題式——題目內容取自同一篇材料。

題組式——題目內容取自兩篇以上的材料。

在知性題的設計上，多以問答型式或限定字數，來減輕考生的作答壓力；至於情意題，截至筆者成稿之際，雖傾向一小一大題的問法，卻不排除寫一篇長文的可能性。無論如何，試題卷上的任何一個文字或圖示，都是命題委員提供的回答線索，絕對不能輕輕放過。（**詳見情意題 06——看清題目卷上每個字、情意題 07——題目有兩層，你看見了嗎？**）

壹、知性題

知性題的用意，在測驗考生的統整判斷能力，內容包括：

1. 能否正確解讀文字或圖表，適當分析、歸納，具體描述說明。

2. 能否針對各種現象提出自己的見解。

考生在閱讀題目資料時，必須仔細檢視每一個大小訊息，舉凡：文字、數字、圖形、暗示、趨勢或不同資料間的互動關係，這就是「閱讀素養」。下筆時也要清楚引述資料，只要在字數規定範圍裡，就不要省略關鍵數字或名詞，以免被判為解讀能力不足。

再者，考生要從引文的資料堆中，快篩得以發揮論述的空間，這是「問題意識」。提出自己的看法時，答案愈多元、愈深入，愈有機會命中閱卷老師所依循的參考答案，提高得分機會。（**詳見知性題 08——鑽石般的角度，洋蔥般的層次**）

雖然知性題不將詞藻與修辭列入評分，但試卷的讀者是閱卷老師，答案至少要讓他找得到、看得懂，這就是「讀者意識」。可惜面對國寫知性題，考生最常犯幾個寫作問題：

句子冗長：有點像英式中文，一句話裡面掛了好多子句。例如：3C 遊戲以類似毒品上癮的模式佔據青少年因人際關係缺乏而苦悶的心靈。建議改為：青少年缺乏人際關係而心靈苦悶，便陷入毒品般的 3c 遊戲而成癮了。

　　語意迂迴：愛用被動、反問或兩個以上的否定，令人腦筋打結。例如：這難道不能被說不是一種誠實的行為嗎？建議改為：這正是一種欺騙行為！

　　語感不佳：用字好像沒有錯，但不夠精確，讀起來就是怪怪的。例如：獨居老人的現象並非遙不可及。建議改為：獨居老人的現象乃是司空見慣。

　　邏輯混亂：明明前半段說的是 A，後半段卻變成非 A。例如：在社會大眾的信仰基礎上，透過廟會活動使神明貼近人心，而一場場狂歡儀式之後，人與神也變得疏離。

　　這時必須釐清自己的思緒，若要表達廟會讓人神貼近，應改為：在社會大眾的信仰基礎上，透過廟會活動能使神明貼近人心，而一場場狂歡儀式之後，人與神便不再疏離。

若要表達廟會讓人神疏離，應改為：希望在社會大眾的信仰基礎上，透過廟會活動使神明貼近人心，然而一場場狂歡儀式之後，卻使人與神變得更加疏離。

話說知性題的材料，可分為圖表型與文章型。現分析如下：

一、圖表型。

圖表，又可細分為「圖片」和「表格」。一般來說，表格材料比較可能容易出現在知性題，考核學生的解讀與分析能力；圖案材料比較可能出現在情意題，考核學生的創意與想像能力。

不過，這也並非絕對的，比方時下有一些單格漫畫，反映了人性善惡、貧富階級或新聞真假等等問題，都很適合成為知性題的材料。而 91 年學測的情境寫作題曾以「一位長者的生活日誌」為資料，請考生從表格訊息中寫出第一人稱的心情自述；又 106 年國中會考的作文題目，出現一張民間習俗的分類表格，要考生以「在這樣的傳統習俗裡，我看見……」為題，寫出自己的經驗、感受或想法。以上都是運用表格來引導抒情寫作的例子。

二、文章型。

　　文章型的題目，可能是一篇長文，也可能是兩篇以上、具有脈絡關係的短文。這類的題幹關鍵字一路圈選下來，甚至會高達十幾個，彷彿處處都是重點，考生在讀完題目之後，應該學習「收納達人」的本領，將圈出的關鍵字迅速分類，並歸納為四個以下的文章重點。（**詳見知性題 01 —— 題幹太長，快速分類就對了**）

　　而當考生在作答時，經常要引述題幹文字，此時切忌全盤照抄，應在理解之後，再用自己的筆法來寫。另外，題目材料上的數字、圖例、理論或專有名詞（多半會標以粗體或引號），則不可隨意變動。

　　事實上，不論是圖表型或文章型的題目，只要是兩則材料以上的題組，互相具有脈絡，這些脈絡關係至少分為五種：

1. 並重：A 和 B 同時存在，各自獨立，不相交涉。

2. 對立：A 和 B 彼此矛盾，有 A 就沒有 B，有 B 就沒有 A。

3. 主次：A 是主、B 是副。主決定了大局，副只能一旁點綴。

4. 因果：A 導致 B，沒有 A 就沒有 B。

5. 消長：A 變弱，B 就變強；B 變弱，A 就變強。

　　當題組式的材料藏著某種脈絡，問題往往也就這麼問下來：A 與 B 的關聯是什麼？這種關聯可以推翻嗎？你支持 A 還是 B？（**詳見知性題 07——問題組成一個小家族，知性題 09——摸清答題的脈絡**）

　　此外，大考中心為了破除舊題型出現大量虛假的應酬文，在新題型特別鼓勵考生選定一個立場，並為自己的主張辯護。必須注意的是，此時立場皆認可、皆推翻，或自訂新的立場，乃至故作驚世駭俗之言（如：歌頌犯罪、宣揚恐怖主義等等），將被視為不切題旨而失分。

　　當題目設定了不同的論點立場，規定考生要「二選一」或「三選一」，又該如何抉擇呢？從筆者在教學現場的觀察顯示，如果選擇平穩立場，下筆穩妥，卻不易形成高見，大都只能穩守基本分數；如果選擇極端立場，則筆走偏鋒，易有驚人之論，也比較有機會創下高分紀錄。（**詳見知性題 10——選立場 A 或立場 B？**）

事實上，命題委員設計一套題目時，也會列出命題用意、評分標準及特殊評分原則，提供閱卷老師批改的依據。由於每道題目的回答要求差異很大，無法一一列出不同的評分細節，筆者僅就知性題給分或扣分的重點原則，整理如下：

知性題評分標準。

問題作答情形	分數	級分	等第
1. 正確理解題目、全面判讀資料。 2. 提出明確立場。 3. 以題幹為基礎作答，並延伸個人看法。 4. 完整回答所有的問題。 5. 論述清楚，條理分明，見解獨到。 6. 文句流暢，容易理解。	22~25	A+	A
1. 清楚理解資料，全面判讀圖表。 2. 提出明確立場。 3. 以題幹為基礎作答，並延伸個人看法。 4. 完整回應超過 3/4 的問題。 5. 論述清楚，條理分明，見解獨到。 6. 文句流暢，容易理解。	18~21	A	
1. 大致理解資料及判讀圖表。 2. 提出明確立場。 3. 以題幹為基礎作答，並延伸個人看法。 4. 完整回應超過 1/2 的問題。 5. 論述清楚，條理分明，能提出見解。 6. 文句流暢，容易理解。	14~17	B+	B

1. 大致理解資料及判讀圖表。 2. 提出明確立場。 3. 以題幹為基礎作答，延伸想法較少。 4. 回應超過 1/2 的問題。 5. 論述不夠清楚，條理不分明，見解有限。 6. 文句平淡，尚可理解。	10~13	B	
1. 不甚理解資料，圖表判讀不足。 2. 立場模糊，前後矛盾。 3. 雖未離題，但偏離題幹。 4. 僅能回應 1/3 的問題。 5. 論述多引用資料。個人見解不貼切題旨。 6. 文句不佳，不易理解。	5~9	C+	C
1. 不理解資料，圖表判讀錯誤。 2. 立場含糊，思路不清。 3. 離題，不符合題幹。缺乏個人看法。 4. 未能回應問題。 5. 僅以少數詞語串聯題旨，結構零散。 6. 文句不通，難以理解。	1~4	C	
抄襲、文不對題、僅抄錄題幹、空白卷者	0	0	0

特殊評分原則
內容、文字均佳，但未完成文章者、或未分段者，至多 B ＋級。
內容、文字、結構均佳，但自訂題目，而與原題目相關者，至多 B ＋級。與原題目無關者，則為離題，評為 0 分。
錯別字、誤用標點符號，斟酌扣分。

製表 蔡惠芬

貳、情意題

情意題的用意，在測驗考生的感受抒發能力，內容包括：

1. 能否具體寫出個人實際的生活經驗。

2. 能否真誠表達內心的情感。

3. 能否發揮想像力。

也就是說，發揮創意找一個生活亮點，運用文字技巧來表達，再用想像力得到感受或啟發，就能打完收功了。特別強調一點，情意題的寫作核心，在於如何擷拾一截生活切片，因此，考生選用哪一種經驗入題，就已經決定分數範圍了。（**詳見情意題 05——寫出日常中的震驚**）

不過，考生在面對情意題時，依然可能發生以下兩種情況：

一、看不懂。

情意題大致延續了國中會考、大學學測的舊式命題，以一則長篇的抒情記述文為主。不同的是，新式國寫測驗中，加入了較多引文資料，要求考生先賞析、比較題幹內容，再寫出一則相關命題的抒情長文，並舉出自己生命經驗。

大考中心從國寫的命題理念出發，在 107 年、108 年的情意題中，分別出現了詩人楊牧的〈夭〉、《南史・隱逸・陶潛傳》一段家書。而新詩多有隱晦難解之作，文言文牽涉到閱讀古文的能力，不是所有考生都能輕鬆以對，建議平日就從閱讀測驗入手，熟悉新詩的意象表達，以及文言文的語法結構。（**詳見知性題 02──看懂資料就及格了**）

萬一運氣不好，幾乎看不懂引文，那麼還有一個方法，就是「藏拙」。試著從材料本身的「題目」、「作者」、「最後一句話」去推測，因為題幹主旨多半藏在題目或末句，而作者生平及個性，也能幫助我們勉強捕捉一些輪廓。

還有一點必須注意，考生讀懂多少就寫多少（這裡指的是內容依據，而不是字數篇幅），從有限的空間去發揮，也比漫天亂蓋被拆穿要好。

二、沒經驗。

　　過去國中會考作文一度被取消，原因在於評分太過主觀，考生又通篇虛假濫情，後來發現學子們寫作表達能力大幅下降，才又恢復考試，即便偶有深刻的愛情經驗，也不宜取材應試，這牽涉到「政治正確」的問題。（**詳見情意題 01 —— 寫出你真正想說的**）

　　於是乎，「沒經驗就用掰的」成為作文一大暗傷，甚至成為老師、家長和學生的金科玉律，因此，我們被教導誠實卻在作文說謊，而小學生破題就寫「在我精彩的一生中⋯⋯」種種令人發噱的現象，便不足為奇了。

　　瞎掰作文真的比較高分嗎？經驗憑空造假，細節多有破綻，難逃閱卷老師的法眼，就在「這個學生說謊」的自由心證之下，分數便扣了下來。另一方面，應考雖以「誠實」為上策，卻也有炫技加分的空間，要是在事實之上，稍微「誇飾」情緒，甚至「示現」合理情節，那就是文學技巧，孰曰不可呢？（**詳見知性題 08 —— 真實，才有溫度**）

　　另外兩種常見的說謊作文，一是過去考場常見的「套路」，利用排比寫法，硬塞一堆事例、佳句，毫無個人面貌；一是為了講求

效果，捏造名人軼事或格言，企圖呼嚨過關，都是人行邪道，結果也就不妙了。（**詳見情意題 04——作文說謊，先打三十大板**）

關於情意題給分或扣分的原則，筆者整理如下：

情意題評分標準。

問題（一）作答情形	分數	級分	等第
1. 正確理解題目、判讀資料。 2. 完整回應所有的問題。 3. 自引文擷取資料，延伸個人生活經驗。 4. 情感表達真摯、細膩。 5. 文句優美動人。 6. 充分發揮想像力，有獨到的領悟和見解。	22~25	A+	A
1. 正確理解題目、判讀資料。 2. 完整回應所有的問題。 3. 自引文擷取資料，延伸個人生活經驗。 4. 情感表達真摯。 5. 文句優美動人。 6. 充分發揮想像力，有獨到的領悟和見解。	18~21	A	
1. 正確理解題目、判讀資料。 2. 完整回應超過 3/4 的問題。 3. 自引文擷取資料，延伸個人生活經驗。 4. 表達個人情感。 5. 文句流暢。 6. 發揮想像力，有個人的領悟和見解。	14~17	B+	B

1. 大致理解題目、判讀資料。 2. 完整回應超過 1/2 的問題。 3. 自引文擷取資料,延伸個人生活經驗。 4. 情感表達不夠深入。 5. 文句尚稱通順。 6. 發揮想像力,個人的領悟和見解不夠深入。	10~13	B	
1. 大致理解題目、判讀資料。 2. 僅能回應 1/3 的問題。 3. 無法具體描述個人生活經驗。 4. 情感表達平平。 5. 文句不通順。 6. 雖未離題,但偏離題目。	5~9	C+	C
1. 不理解題目、判讀資料錯誤。 2. 未回應問題。 3. 未具體描述個人生活經驗。 4. 內容空洞。 5. 句子過於口語化。 6. 僅引用題目資料作為內文,未發揮想像力。	1~4	C	
抄襲、文不對題、僅抄錄題幹、空白卷者	0	0	0
特殊評分原則			
內容、文字均佳,但未完成文章者、或未分段者,至多 B ＋級。			
內容、文字、結構均佳,但自訂題目,而與原題目相關者,至多 B ＋級。與原題目無關者,則為離題,評為 0 分。			
錯別字、誤用標點符號,斟酌扣分。			

製表 蔡惠芬

進入考試流程

　　為了幫助考生掌握國寫測驗的技巧，以下逐步說明應考的作答流程，雖是筆者一家之言，只要按照本書操作，就不會陷入無助失措的境況。

一、閱讀題目（每題限 2 分鐘）

1.　圈出關鍵字：一邊閱讀，一邊圈出引文資料的重點語詞，避免下筆作答時找不到。

2.　重點畫底線：像是主旨、論述、轉折點或重要說明，句子較長，用畫底線的方式處理。

3.　訊息做分類：這些關鍵字和重點句，迅速分類歸納，做出不同面向的論點。

二、構思答案（每題限 2 分鐘）

1. 有問有答 ：題目中提出的條件、要求或問題，都必須遵守並一一回答。要求「經驗」，就寫自己發生過的事情；「事例」，不限親身經驗，寫自己觀察或他人經驗也可。要求「分析」、「比較」，就得理性客觀，就事論事，就文本論文本；要求「評論」、「觀點」、「看法」就是理性主觀，要提出自己主張並說服他人。要求寫出「感受」、「感想」、「心得」，則是感性主觀，抒發一己情思；要求寫出「領悟」、「啟示」，則是感性客觀，提出普世價值。

2. 遵照規定：當題目規定「不可用詩歌體、書信體及小說體」，切勿置若罔聞，如無明文限制，也不宜甘冒風險，穩紮穩打才是應考之道。過去出現碑文、新聞稿、應用書信等考題，題目註明了「不必拘泥於文類格式或體例」，就不用多此一舉，平白耽誤作答時間。

    又當題目規定「按照題號」、「條列式回答」，就不要跳題回答，並注意標出正確題號。

三、規劃布局（每題限 1 分鐘）

1. 畫架構圖：畫出最簡單的條列圖，寫下每段 20 字以內的關鍵字，段落間的文意要能承接，畫完快速檢視思路脈絡和邏輯。

2. 注意題目：除非註明「不用寫題目」，最好在布局時就兼顧題目，以免正式作答時給忘記了。若要求「自訂題目」，也得切合主旨，別用「無題」這種不知所謂的命題。更要注意的是開放式題目，舉例來說，以「我心目中的正義」為題，寫出你對正義的看法。這就表示要寫題目，不能更改題目或擅加副標，寫成「我心目中的正義——亂世重典」就錯了。以「正義就是……」為題，冒號後面不能再加任何文字，寫成「正義就是……均富」也是錯誤的。以「正義就是〇〇」為題，表示〇〇是必須考生自行填入的詞語，以兩個字為宜，例如「正義就是均富」；如果上面註明「題目字數不限」，寫成「正義就是亂世用重典」就沒關係了。

3. 分配字數：國寫測驗答案卷為一張兩面，每頁 38 行，每行 22 格。題組式的題目會有字數或行數規定，按照要求書寫即可，而考生務必遵守規定，例如：「限 400 字以內」，就是不超過 400 字，雖然閱卷老師不會逐一計算字數，但篇幅太多或太少，目視仍可大概測出，最好不要超過正負 10% 的誤差。又如：「文長至多 19

行」或「文長不超過 16 ～ 18 行」，答案卷都有標出行數，違規的話一目了然，考生必須確實遵守規定，才不會被扣分。此外，目前題組式的要求字數並未超過 600 字，這是命題委員為了減輕考生寫作負擔的一種默契。

以此類推，遇到「文長不限」的題目，扣掉每題 5 分鐘的閱讀、構思和布局，剩下 40 分鐘來寫，考生就算火力全開，一篇長文寫出 600 字就功德圓滿了。如果貪多務得，則無暇經營文字，文字易流於直白或內容重複；反之，字數太少，一整頁考卷看起來清冷空虛，給人腹笥甚窘的印象，也拿不到傳說中的墨水分數。

又 600 字長文可分 4 到 6 段，為了符合「鳳頭豬肚豹尾」的結構美感，以 4 段為例，字數分配依序為 100 字、200 字、200 字、100 字。如果是要求 400 以內的長文，分成 3 段即可，段落間的字數不要差異懸殊。

四、書寫答案（每題限 40 分鐘）

1. 先寫題號：目前學測的國寫答案卷分為兩面，採取由右向左直寫的型式，並清楚標示「第一大題作答區」（正面）及「第二大題

作答區」（背面）。不過，仍有少數考生過於緊張或粗心，而在該題作答時寫到另外一面去了。為了保險起見，每一題作答時，先在首行第一格寫出大題的題號，第二行再開始寫題目或作答，這樣會產生兩個作用：首先，考生在書寫題號時，就有一次檢查頁面是否正確的機會。其次，萬一還是疏忽了，在每位閱卷老師一次只批改一大題的情況下，也能一眼分辨考生寫錯位置，即使酌量扣分，也不致分數全失，而影響考生權益。

此外，遇到題組式的問法，也不能忘記在大題註明每一個小題號。更不可在第一題作答之後，在正面接續寫第二題。

2. 文字細節：題幹裡加了粗體或引號的資料，多半是數字、人物或專有名詞（理論或觀點），引用時要忠於原文，不可更動寫法。文中提及兩個人物或立場，寧可重複主詞，也不要用「前者」、「後者」，以免閱讀不易而造成混淆。如果作答必須使用數字或英文，直寫、橫寫或全形、半形，跟著題目卷的寫法即可，萬一題目卷沒有，就比照電腦 word 檔的格式。

又在作答時，要依題目發問順序來寫，並寫清楚回答項目，例如：「我的**分析**如下……」，「剎那間，我獲得神臨似的**啟發**……」別讓閱卷老師迷路於文字陣中，不知答案在何處。有些考生在不

同論述的段落開頭，先寫下提綱挈領的小標題，絕對是一大得分亮點。

最後不免老調重彈，就是要字跡工整，筆畫清楚，避免刪除、插入或塗改文字，尤其不能在文中洩漏自己身分，或自作聰明寫下「老師辛苦了。啾咪！」等無關答案的字眼，犯下低級錯誤。

為了讓考生能夠快速掌握應考訣竅，筆者將上述重點變成一個易記的口訣，建議大家熟練這四個步驟，成為答題時的反射動作：

圈一圈（圈出關鍵字）
想一想（想用什麼哏）
畫一畫（畫出布局圖）
寫一寫（寫出好文章）

在後續的主題練習中，同學們將會一而再、再而三的複習這四個答題步驟，我們稍後見嘍！

無痛學作文：

最新學測國寫應考技巧實戰練習

知性題篇

知性題 01
題幹太長，
快速分類就對了

　　我們處在資訊爆量的時代，只要一進入網路，五花八門的訊息蜂擁而來，輕點連結鍵便能串起無邊無際的訊息，然而何者為實？何者是偽？又如何從網海快速撈出需要的訊息？這便考驗大家的閱讀素養了。學測國寫的題型改革，就是為了因應這種趨勢變化，因此，我們要再次談談知性題作文。

　　108 年起，學測國寫改為九十分鐘寫「情意題」和「知性題」兩篇作文，過去考試方向多鎖定在表達感性唯美的情意題，而新加入理性思辨的知性題，必須先解讀資料後，再分析、歸納、提出觀點，寫作方式和以前大大不同，令不少學生叫苦連天。

然而，在「考試領導教學」的通則之下，便知咱們教育諸公，希望學子們在面對巨量資訊時，能有一身快速判讀、擷取精華的高超技藝。

題目：我的心流經驗

說明：小孩子玩積木時，專注於拼組心中的目標，對周遭環境發生的一切毫無察覺；籃球員為投籃使出渾身解數，爆發巨大潛能，籃球宛如悠遊於股掌間，直到比賽結束才感到全身肌肉痠痛；作家沉浸於寫作中，常忘記時間的存在，似乎才過短短幾分鐘，回神時竟已度過五個鐘頭。你是不是也有過相似的經驗？米哈里・齊克森米哈伊（Mihaly Csiksentmihalyi）指出，當人們全心全意投入某一個活動時，會進入渾然忘我的境界，不費吹灰之力便能獲得極佳的成果，他將之稱為「心流狀態（Flow）」。進入心流狀態時，會有幾個特色：高度投入，全神貫注；不須刻意思考，身體會有反射行動；物我兩忘，不易察覺與活動無關的訊息；忘了時間的存在；清楚的目標，擁有主控感；愉悅、滿足的心靈感受。

　　請針對上述資料，寫出你的心流經驗。（字數不限，占 25 分）

步驟一

圈一圈（圈出關鍵字，2分鐘）

題目：`我的心流經驗`

說明：小孩子玩 `積木` 時，專注於拼組心中的目標，對周遭環境發生的一切毫無察覺；籃球員為 `投籃` 使出渾身解數，爆發巨大潛能，籃球宛如悠遊於股掌間，直到比賽結束才感到全身肌肉痠痛；作家沉浸於 `寫作` 中，常忘記時間的存在，似乎才過短短幾分鐘，回神時竟已度過五個鐘頭。你是不是也有過相似的經驗？米哈里·齊克森米哈里（Mihaly Csiksentmihalyi）指出，當人們全心全意投入某一個活動時，會進入渾然 `忘我` 的境界，不費吹灰之力便能獲得極佳的 `成果`，他將之稱為「`心流狀態（Flow）`」。進入心流狀態時，會有幾個特色：高度投入，全神貫注；`不須刻意思考，身體會有反射行動；物我兩忘，不易察覺與活動無關的訊息；忘了時間的存在；清楚的目標，擁有主控感；愉悅、滿足的心靈感受。`

　　請針對上述資料，寫出你的 `心流經驗。（字數不限，占25分）`

步驟二

想一想（想用什麼哏，2 分鐘）

　　布魯姆（Benjamin Samuel Bloom）將認知過程分為六個層次：記憶、理解、應用、分析、評估、創造。在知性寫作上，也可以套用這套理論，先是吸收資料，理解資料中的訊息，接著分析、評估，最後再結合個人經驗，書寫一篇完整的作品。

　　本次題目提出的「心流狀態」，題幹出現的重點不少，加上多數中學生可能都是第一次接觸的理論，因此在寫作之前，應先抓住題幹關鍵字，然後將之快速分類（例如積木、籃球、寫作都是「例子」；專心、忘我、愉悅都是「身心反應」等），再建立可發揮的論點，融合個人相似經驗，寫出自己進入心流的狀態。

　　最後，與大家分享兩位東、西方學者的話作為勉勵。政大傳院院長林元輝說：「當今學子的苦難是資訊量太多，卻不知如何判斷真偽。」哈佛大學校長德魯・福斯特（Drew Faust）說：「大學是關於知識和真理的追求，目標就是教你判斷誰在胡說八道。」

　　希望大家在茫茫資訊大海中，要以思辨為舟，創造為樂，如此

便能成功掌握資訊，不致淪為波臣。

步驟三

畫一畫（畫出布局圖，1分鐘）

字數不限，就以 600 字為標準，下筆後再酌量增添。

題　目	我的心流經驗
第一段	用畫面描述來開頭，帶出心流經驗。100 字
第二段	第一次發生心流時，被打動的情形。200 字
第三段	描述自己符合哪些心流狀態的條件。200 字
第四段	歸納個人的體悟，延伸心流經驗對自己的意義。100 字

步驟四
寫一寫（寫出好文章，40 分鐘）

【範文欣賞】我的心流經驗

台北市師大附中三年級李育丞（錄取清華大學生醫工程與環境科學系）

　　伸手落子，棋子與棋盤合而為一，乾淨、俐落的聲響在腦中縈繞著，牽著我的心潛進清澈的棋海之中。一塊塊的棋盤看似平淡無奇，實則為一個個不為人知的世外桃源，時間軸的觸手彷彿無法深入這神聖的祕境。身處其中，心無旁騖，渾然忘我，人棋合一。

　　心流經驗是一種明確指標，若文中的各式情形皆體現出來，那毫無疑問是興趣之所在。悠游棋海，黑與白身後深奧的單調，在我與圍棋的初次約會時，便已讓我有如魚得水之感。老師的行棋氣勢磅礴，猶如一條活靈活現的白龍下凡穿梭於棋海之中，每每使我投身其中，騎上白龍，彷彿擁有控制盤中萬物的能力。

　　無論從事於何事，時間總為一個重要的因素，於我的心流經驗，競賽時的腦中卻少了這項元素，除了緊張的心情外，剩下的僅有黑白棋子所交織的無數棋形，甚至隨棋局漸趨複雜，腦中自我意

識也消失在眼前無垠的棋海之中，直至棋局結束之時，俄頃，腦中的空曠轉為無盡的空虛感，沉浸於思考中的愉悅也遭勝負帶來的心情所淹沒。

馬斯洛稱心流經驗為「個人的天堂之旅」，然而，就我的經驗看來，心流經驗所帶給我的空靈之感，是一種純淨的忘我，是有別於天堂的，只存於人心而超越時間、空間的狀態。

（本文得分：19）

知性題 02
看懂資料就及格了

　　107 學年度起，大學入學考試中的學測國文，將寫作能力測驗獨立。根據大學入學考試中心基金會提供的考試說明，寫作命題理念分為三部分：

　　一、注重人文與自然、理性與感性、原理與實用、傳統與現代的結合；

　　二、貼近生活經驗，切合社會脈動；

　　三、強化分析理解，促進多元思考。

　　其中第三部分的思考多元化，希望考生忠實呈現個人理性意見

或內心感受，不須為了迎合意識框架而虛矯造作。

　　簡單的說，寫作測驗分為兩項，一項是知性的統整判斷，一項是情意的感受抒發。而在知性統整判斷能力方面，評量內容有兩個，首先是考生能否正確解讀文字或圖表，適當分析、歸納，具體描述說明；其次為考生能否針對各種現象提出個人見解。

　　因此我們可以說，只要看懂題目資料，就能超過及格線了。

題目：美國哲學家普特南（Hilary Whitehall Putnam）曾提出「桶中之腦」的哲學命題：我們可能只是一顆桶子裡的大腦，被浸泡在營養液裡，並藉由電腦刺激，產生各種感官、思考幻覺，卻以為自己生存在真實世界中。目前這個假設，無人可推翻，不論提出任何觀點，都能被反駁為「這也是桶中大腦給你的想法」。各位同學，你可以提出推翻他的看法嗎？不必命題，論述力求精簡，文長300字以內，占25分。（註：後來普特南自己用語言哲學的角度推翻它了。）

步驟一

圈一圈（圈出關鍵字，2分鐘）

題目：美國哲學家普特南（Hilary Whitehall Putnam）曾提出「桶中之腦」的哲學命題：我們可能只是一顆桶子裡的大腦，被浸泡在營養液裡，並藉由電腦刺激，產生各種感官、思考幻覺，卻以為自己生存在真實世界中。目前這個假設，無人可推翻，不論提出任何觀點，都能被反駁為「這也是桶中大腦給你的想法」。各位同學，你可以提出推翻他的看法嗎？不必命題，論述力求精簡，文長300字以內，占25分。（註：後來普特南自己用語言哲學的角度推翻它了。）

步驟二
想一想（想用什麼哏，2 分鐘）

　　這是哲學界有名的「思想實驗」，甚至成為美國好萊塢賣座電影「駭客任務」的核心概念。人們不容易推翻「桶中大腦」的假設，在於不管如何論述，都擺脫不了「這也是桶中大腦給你的想法」的前提。

　　台灣中小學教育向來缺乏哲學思考的訓練，也許這樣的題目，可以成為一個起點。現在我們不妨向希臘偉大的哲學老師蘇格拉底致敬，只設立問題，不介入說教，讓同學們自己產生思考，並從此愛上智慧吧！

步驟三

畫一畫（畫出布局圖，1 分鐘）

第一段	寫出你反駁「桶中大腦」的論述。150 字
第二段	舉出日常的事例，來支持你的論點。150 字

步驟四
寫一寫（寫出好文章，40 分鐘）

寫作是一種長期修煉，知性能力更應提早培養，我們來看看剛升上高中的新鮮人是怎麼做的。

【範文欣賞一】
台北市師大附中一年級吳柏霖

對於「桶中的大腦」論點，我部份不贊同部分贊同。

我不贊同的地方是他說的「幻覺」，「幻覺」是一種很玄虛的感受，但是在我們生活中碰觸的東西卻都會有真實的感受；而我贊同他的也是在幻覺這一部分，人在思考時，都有一個架構，藉由架構分析，得出結論，但這些思考過程不是一個有形的東西，它是一個虛構、虛擬的東西，只是經由電腦的程式所形成。

雖然我們仍無法跳脫哲學家的問題之中，無論怎麼思考，還是侷限於水桶中的大腦，而在這個概念中，或許我們真的活在幻覺

中，但我們可以別理會是不是水桶中的大腦，專心把螢幕所發生的事做好。

（本文得分：18）

【範文欣賞二】
台北市師大附中一年級郭秉翔

假設桶中大腦的想法全是虛擬而成的，它也就無法認出真實的世界；但是我們現在想像「一顆桶中腦與它的所有想法」，此時我們的大腦能同時感受虛擬和真實世界存在，這是桶中大腦無法做到的事。因此假設是錯誤的。

此外，人必須攝取足夠的食物以維持生活需求，但如果大腦是浸泡在營養液之中，大腦也就不會發出飢餓的訊號，那麼虛擬世界就不會感到飢餓；但是人們卻會餓，也需要吃東西。而人們只能存在於虛擬和真實世界的其中一個，不能又「餓」又「不餓」，因此我推論桶中之腦是錯的。

（本文得分：18）

【範文欣賞三】
台北市師大附中一年級陳昀謙

我跳出原來的題目設定，從另一層角度來看這個題目：哲學家在思考這個問題時的狀態，是不是也是從廣義的「桶中大腦」所想出來的？他在詮釋這個問題時的所有想法，也都只是某種程度的「幻覺」而已。

所以無論在不在水桶中，大腦其實也是一種虛幻不實的想法。我認為，真正重要的源頭是本體，而非思想，思想只是宇宙的本體帶入了我們的「情緒」，而我們可以跳出這些情緒，擺脫思想的邏輯，也就像是跳出籃球場看別人打籃球，就可以跳出這個無限輪迴。

（本文得分：19）

【範文欣賞四】
台北市大安高工一年級許宸維

如果我只是電腦的一個思想，而這個思想又產生其他思想，如同檔案夾一般一層包住一層，永無止境的分類下去，那麼我認為──我即是電腦、我即是大家、我即是世界。

原因是：如果我是電腦虛擬之物，而我的行為只是一道道指令，則發出指令的電腦配合我的行為，不就也可稱之為我嗎？而我的行為又造成其他影響，如此層層堆疊，好似那置於平行鏡子中的物體，擁有無限的影像。所以，一切即是我。

　　其他人呢？根據之前的推論，「我」的模式若套用於他人身上，同樣也會成立。那麼，我與他人的連結中也將不斷產生共鳴。

（本文得分：20）

【範文欣賞五】

台北市薇閣中學高中部一年級陳彥穎

　　我認為「桶中的大腦」不可能發生的，以下是我的幾個論點：

　　一、假如真的是這樣，那我們應該可以用電腦、水桶、營養液和大腦，直接製造出這顆大腦所見畫面，但這是不可能的。

　　二、假如這世界是用電腦透過大腦想像想出來的畫面，那麼應該很快就不見了，因為我們做不同事情會想到不同的畫面，不會一直想著相同的事情。

三、假如我們是被電腦控制的大腦，那麼我們的想像也會被拘束，而我還擁有自我意志，甚至在這裡反駁這顆電腦，電腦是不可能讓我們這樣做的。

（本文得分：19）

認識作文解剖圖

如果以人譬喻文章，文章的結構是骨架，遣詞用句宛如面容，而文中展現的思想便為氣質。結構之重要，一如人的體態動作，能予人初步的認知，而在會考作文評分標準中，「結構組織」也是僅次於「立意取材」的項目。今天我們就要來聊聊如何擬定結構，給予讀者層次分明的感受。

題目：隨著網路時代來臨，世界變化一日千里，人們賴以為生的工作型態也不斷演進。面對不可預測的未來，將會出現哪些前所未有的職業？請以「未來可能出現的職業」為題，提出個人想法，並分析職業出現的原因。（文長 600 字，占 25 分）

步驟一：

圈一圈（圈出關鍵字，2 分鐘）

題目：隨著網路時代來臨，世界變化一日千里，人們賴以為生的工作型態也不斷演進。面對不可預測的未來，將會出現哪些前所未有的職業？請以「未來可能出現的職業」為題，提出個人想法，並分析職業出現的原因。（文長 600字，占 25 分）

步驟二：
想一想（想用什麼哏，2 分鐘）

　　完整的文章結構，能夠一段接著一段，說清楚、講明白，不要邏輯跳躍，更別語焉不詳，這就是考試得分的要點。文章的段落，就像小溪中的墊腳石，每一塊都承接旅人的步伐，引領其一步步向前，直到抵達目的地。一般來說，會考作文以四段為宜，少於四段，容易顯得侷促而紛亂；若段落過多，易有思緒切割之感，亦難以掌控應考時間。

　　雖然作文結構沒有標準答案，但看似老生常談的「起承轉合」結構法，卻是通用法則，老方法往往就是好方法。以下就根據此次題目「未來可能出現的職業」，逐段加以說明：

一、起：破題

　　破題可以是開門見山式的論述，也可以是情境鋪陳，但前提必須能吸引讀者。在這次題目中，同學們可以先探討職業演變的原因，並在腦袋中搜尋「已經消失」和「近期新興」的職業，扣連時

代和職業之間的關係。

二、承：進一步說明

　　第二段應該承接第一段，提出未來可能出現的新職業。如果一時想不到內容，建議不妨從未來世界的景況、議題著手，再思維相對應的職業。舉例來說，若飛行器是未來世界的運輸主流，提供該項服務的會是哪些人才呢？或當糧食危機是無法避免的災難時，哪些職業將應運而生呢？

三、轉：轉換角度

　　從不同的角度或深度，強化第二段論點，除了反面舉例之外，也可以是更深入、更細節的看法。這段在文章中往往佔有舉足輕重之地，只要論述可以更進一步佐證前兩段，便是奪得高分的關鍵。以此篇為例，不妨敘述新職業必須具備的能力、條件，或說明其所帶來的影響，如此便能使新職業的樣貌躍如紙上，引領閱卷老師遨遊於未來世界。

四、合：總結

統整前三段重點，並省思、探討該以何種態度面對世界的變化，呼籲地球村的每一份子應與時俱進，成為時代的領導者。

最後提醒同學，在架構層次分明之外，段落之間別忘了要有清楚的連接，方便讀者掌握脈絡，閱讀起來才能有一氣呵成之感。茲列出常用的連接詞，編成背誦口訣，以饗讀者：

首先至於比方說，
承上即使相反的，
此外然而換言之，
總之因此我認為。

步驟三：
畫一畫（畫出布局圖，1 分鐘）

題　目	未來可能出現的職業
第一段	列舉職業演變的情形：例如已消失的舊工作、新興的新行業。100 字
第二段	先說明未來趨勢，再提出應運而生的新職業。200 字
第三段	描寫這份職業的工作情景、所需條件、帶來影響。200 字
第四段	提出因應變化的態度，呼籲人們前進，才不會被世界淘汰。100 字

步驟四：
寫一寫（寫出好文章，40 分鐘）

【範文欣賞】未來可能出現的職業

台北歐洲學校高中部一年級曾佑恩

　　自古以來，職業一直是人們關心的焦點，也是扮演支撐人們生存的重要角色。不過，職業型態會隨著時代和需求而殞沒及誕生，造成人們工作的變動，有人工作消失了，但也有人從事嶄新的職業，比方說辛苦站在櫃台前結帳的收銀員，逐漸被自動化收費機器取代；因網路普及而崛起的電競選手，則成為近期的新興行業。隨著時間推移，世界不斷演變，在日新月異的就業市場，哪些可能是未來出現的職業呢？

　　承上，在未來的世界裡，人們追求速度和效率，凡事比過去更為講究，即使發揮善心助人也是如此。我曾經讀過一本書《Doing Good Better》，作者研究到底該如何幫助慈善團體才能獲得最佳效果，我從中發現，現在的人們做事講求細節及影響力，每一分善款都要花得有價值，所以，我認為未來幾年內將會出現的職業就是捐款諮商師，他們讓「做公益」不再只是舉手之勞的善心，相反的，

已成為一門專業的學問。

　　我對捐款諮商師的工作想像是：一位穿著白袍的女士，戴著犀利的無框眼鏡，坐在辦公桌前為客戶分析每一個慈善團體如何運用所得。我認為，從事這份工作的人都必須具備邏輯思考、分析數據的專業能力，如此才能幫客戶聚焦捐款範圍；同時，他們也需要良好的溝通及口語表達能力，讓客戶清楚了解捐款的規劃。

　　總之，職業如夜空中的星星般，時而消失，時而誕生，沒有人能抵擋時間這顆巨石的威力，只能努力提升自我，才不致成為時代變遷下的遺珠。

（本文得分：18）

寫出各種可能性

　　大考中心在 107 年實施國寫測驗的前一年，出了一題學測作文題「關於經驗的 N 種思考」。我們可以從中嗅得考試方向的端倪，乃是要求考生能夠就特定事件、發想更多的獨立思考。於是在新型國寫的評分標準中，也列出各種面向的參考答案，作為閱卷老師給分的條件，考生多寫一個論點，便多給一個分數。

　　而在現實生活中，真理越辯越明，當事件發生時，人們常因看法不同而「據理力爭」，但我們所相信的「理」，依據是什麼？是多數人的共識？還是權威的意見？今天我們就要透過一則洞穴寓言，練習哲學思辨能力。

題目：以「洞穴寓言」為材料，寫出自己的觀點，不須命題，不限

字數，占 25 分。

說明：希臘哲學家柏拉圖的洞穴寓言，指出一群從小被囚禁在地穴中囚犯，因受制於鐵鍊，只能向前看，唯一的光源是其背後高處的火光。在火光照射下，囚犯背後出現的任何事物，影子都會投射在囚犯面前的牆上，終其一生，囚犯只能看見牆上的影子，將之視為真實。囚犯唯一能做的就是討論這些影子，只要能清楚辨識影子、預測影子出現頻率，就能獲得他人的讚賞與尊崇。後來有一個人走出洞穴，看見了太陽，發現以前看到的影子只是幻象，於是又回洞穴裡，把真相帶給其他的人。

步驟一：
圈一圈（圈出關鍵字，2 分鐘）

題目：以「洞穴寓言」為材料，寫出自己的 觀點 」，不須命題，不限字數，占 25 分。

說明：希臘哲學家柏拉圖的 洞穴寓言 ，指出一群從小被囚禁在地穴中囚犯，因受制於鐵鍊，只能向前看，唯一的光源是其背後高處的火光。在火光照射下，囚犯背後出現的任何事物，影子都會投射在囚犯面前的牆上，終其一生，囚犯 只能看見牆上的影子，將之視為真實 。囚犯唯一能做的就是討論這些影子，只要能清楚辨識影子、預測影子出現頻率，就能獲得他人的讚賞與尊崇。後來有一個人走出洞穴，看見了太陽，發現以前看到的 影子只是幻象 ，於是又回洞穴裡，把真相帶給其他的人 。

步驟二：
想一想（想用什麼哏，2分鐘）

在寓言中，柏拉圖將洞穴外的世界譬喻為真理，囚犯則是習慣於原有環境的人們。這篇文章思考方向如下：

1. 號稱看到太陽的囚犯，他看到的確實為真理嗎？他會不會只是個胡言胡語、腦袋有問題的瘋子？

2. 世界上有絕對的真理嗎？或是公說公有理，婆說婆有理，只有觀察角度不同的問題？

3. 在民主社會中，講求少數服從多數。我們能不能說「多數人所建立的共識」就是真理？或是「權威專家的意見」比較接近真理？

4. 如果世界上存在一種絕對的真理，值得我們放棄原有的生活、大膽去追尋嗎？風險會不會太高？

透過這些引導，能逐一釐清思路，對真理的見解也更明朗了。

畫一畫（畫出布局圖，1分鐘）

沒有規定字數，就以 4 段共 600 字為基準。如果要寫 5 段，可照比例添加字數，維持「鳳頭、豬肚、豹尾」的結構美感。

題　目	從「洞穴寓言」談真理
第一段	世界沒有絕對真理，真理會在不同時代和情境下改變。100 字
第二段	宗教強調真理，其主張的真理，卻有極大差異。150 字
第三段	沒有絕對真理，只有相對真理。例如一家餐廳美不美味是主觀的。150 字
第四段	真理來自信仰。150 字
第五段	從洞穴寓言獲得的啟發：信者為真。100 字

步驟四：

寫一寫（寫出好文章，40 分鐘）

台北市陽明高中三年級陳漢生（錄取輔仁大學社會學系）

　　人們總是堅信著自己的信念、抉擇，然而這是否為真理？若以現今教育來說，教育究竟是將我們導向真理，抑或是遠離真理？再將格局放得更大來看，人們在這近百年來所發現的每一項理論，牛頓運動定律、巴斯卡三角形、地球引力，可能只是一種虛幻的影子，而我們都被洞穴裡的世界所矇蔽。

　　俗諺說：「信則有，不信則無。」以宗教來說，真的有耶穌、聖母瑪利亞、釋迦牟尼佛大顯神蹟嗎？這些都是人們所編造出的故事，但為什麼那麼多人如此敬畏他們？對於信徒而言，上述人物就是真理，他們是心靈的寄託，可以將人們導領至真理，因此無數信徒都願意相信祂們。但神話是一種真理嗎？抑或是人們捏造出來解釋幻象的手段？這或許就是孔子會說：「子不語怪、力、亂、神。」的原因吧！

什麼是真理？以我的觀點，並沒有絕對的真理，這世界，這個虛擬時空，是由成千上萬個「相對」所組成的。舉例而言，一家餐廳的評價就是由數萬個「相對美味」所統計出來的，如果有九成的人說美味，那就仍然有一成機率認為難吃。沒有任何一件事，一個物體是絕對的，真理也是，每件事可以是別人眼中的幻影；相對的，每件事也可以是別人看法中的真理。

那麼，到底有沒有真理呢？我認為，世上沒有真理，而是信仰。「信仰」讓人安定，令人平穩，而這不正是真理的作用嗎？許多人認為真理是高上、清高的，但人們會這樣想就是因為它不存在。心理學中提到，人總是期待著未知，對未知有著美好的幻想，但同時也感到畏懼。然而，信仰則是根深柢固的存在著，並非是一件實質的人事物，而是在人們腦中長時間支配的想法及道理。

雖然真理並非存在，但我們所見的假象或許也是有價值的，人們不一定要追求洞穴外的「另一個幻象」，當下的體驗就是最美的。「洞穴寓言」說的並不是真與假，而是一種「信者為真」的價值。

（本文得分：19）

知性題 05
正面說完反面說

　　近年立法院三讀通過《高級中等教育法》第四十三條，首度將學生納入 107 課綱審議會的行列，學生可以參與課綱審查。但這項教育史上的創舉，也引起許多爭議，有人認為年少的學生未具備教育專業資格，不應審查課綱；贊成的一方則主張，學生是課綱的「使用者」，既是使用者，就應該有表達意見的權利。學生能否參與課綱審查？今天我們就要針對這項議題，以論說文練習闡述個人觀點。

題目：學生參與課綱審查，是提供更多元的建議？還是傷害教育的專業性？請以「學生審查課綱之我見」，提出個人觀點，書寫一篇文章。（文長 600 字，占 25 分）

步驟一：
圈一圈（圈出關鍵字，2 分鐘）

題目：學生參與課綱審查，是提供更多元的建議？還是傷害教育的專業性？請以「學生審查課綱之我見」，提出個人觀點，書寫一篇文章。（文長600字，占 25 分）

步驟二：
想一想（想用什麼哏，2 分鐘）

　　論說文是常見的作文題型，顧名思義，論說就是「議論」加上「說明」，也就是提出個人觀點。論述時，除了提出正面觀點，也必須掌握反面看法，論述方能完整，一如辯論時，支持正方者不僅要舉出個人的論點，同時也應了解反方意見，如此才能掌握對方的思維，進而找出其邏輯缺口；反之亦然。不過，辯論目的在於辯倒對方，作文正反兩面的觀點訓練，則是使想法更為週全而完整，就像一位傑出的桌球選手，勢必同時訓練正、反手拍的技巧。

　　除觀點論述之外，還需要例子說明，清楚的例子可以幫助讀者明確了解，進而接受作者的觀點；如果一時半刻想不出實例，則建議採用容易理解的譬喻解釋。最後，則於文末提出相對客觀或確切可行的結論，為文章畫下句點。

步驟三：
畫一畫（畫出布局圖，1分鐘）

題　目	課綱審查之我見
第一段	簡述審查課綱的情況。100字
第二段	提出自己立場。自己教材自己審，不能忽視學生的聲音。 200字
第三段	反駁對方立場。專業不能只是一塊鐵板，但加入意見的方式也要理性。200字
第四段	重申立場，建議可行方法：由大學生審高中教材，拒絕任何暴力形式。100字

步驟四：
寫一寫（寫出好文章，40分鐘）

　　以下兩篇文章，皆以兩種不同觀點檢視個人立場是否周延，觀點或許不盡相同，卻各有其獨到之處。

【範文欣賞一】學生審查課綱之我見

台北市建國中學三年級王瑞山（錄取台灣大學國際企業系）

　　教育是一座金字塔，必須有穩固的地基支撐，向上堆砌時要緩慢且紮實，方能建得宏偉又堅韌。教育的目的之一是階級流動，不分貴賤，只要有「才」，便可往蒼穹的方向攀升，或許某些制度遭到反對，但和古代的世襲相比，現在的教育已極為公正。而近來被討論得轟烈炙熱的問題正是——課綱審查。

　　在審查課綱的委員中加入學生，讓學生代表一起審議課綱，對學生而言，有權利參與並修改自己的課本內容，是一項全新的公民參與。但也有人質疑，幾位「學生代表」能表達所有學生的想法嗎？此外，教授與專家學者們真的願意聆聽學生們的想法嗎？但專

業是一塊鋼鐵，若沒有多方意見討論來鑄造、塑形，其價值就與路邊的石子相同。

將文字烙入腦海，並化作翩翩舞蝶靈活運用，此為學習，而學習是來自於未知，既然還不懂，又如何去修改或議定呢？因此任學生審查課綱這樣的行為，就像是對著陌生人大放厥詞說著自己對他的看法，如果將課綱換作是人，是否有些不尊重及失禮呢？

與學生切身相關的事，開放人數參與審查很合理，但我認為應該要由已完成該課業的人去審查，例如由大學生審查高中課綱，即解決了「未學就審」的問題。不過到底如何處理整件事會比較好？我想是沒有定論的，社會上摻雜各種想法和意見，如何讓眾人滿意，將是一個比審查課綱更為嚴肅的課題。

（本文得分：18）

【範文欣賞二】學生審查課綱之我見
台北市中山女中一年級陳怡你

當學生林冠華自殺的新聞躍上版面那刻，也為這起課綱微調的事件，寫下最為轟烈的轉折，為此教育部總算讓步，同意學生加入

審查課綱的行列，甚至連小學生亦有機會與學者平起平坐，一同談論課綱的調整，但課綱微調的事件尚未平息，一陣學生審查的軒然大波又起，兩方爭執不休，至今仍未有結果。

學生的力量其來有自，從民初的五四運動便可見一斑，然「學生」這個族群，卻在社會上有兩種截然不同的觀感，一方將其視為「青年學子」，另一方則看作「懵懂的孩子」。但無論如何，學生與課綱兩者關係密不可分，因此大眾亦不能忽視學生的意見，就好比一場能左右國家發展的公投法案，又豈能僅讓貴族享有投票權？應當讓全國「為此受到影響」的百姓共同決定。同樣的論點，課綱的調整必將影響到學生，若將學生加入審查的行列，不僅可解決此問題，更是一種民主的表現。

然而如上述所言，「懵懂孩子」的觀點亦不可忽視，而整起事件的開頭——林冠華的自殺，雖然他為了理念犧牲生命的情操令人動容，也使學者們更加懷疑學生的建議是否流於極端。民主源自啟蒙思想，而啟蒙思想又來自科學革命的理性，若使一群理性仍在發展的學生加入審查，豈能成熟、客觀的討論課綱？又豈能展現我們引以為傲的民主？

我認為學生加入課綱審查勢在必行，但學生若不懂得理性對

談，那整起事件終將淪為一場荒唐鬧劇，我們可以抗議，可以提出己見，但萬萬不可使用暴力或是以死相逼。學生與學者兩方互相尊重，理性溝通，那麼這場審查便將化作一場如五四運動的美麗樂章，但若非如此，那麼這些抗爭也不過是令人心寒的民主淪喪。

（本文得分：19）

知性題 06
請舉出例子說服我

　　韓國電影《屍速列車》上映後，引起影迷熱烈討論，這次我們以這部電影的背景故事為題材，思考「主流」與「非主流」、「正常」與「不正常」，「從眾」與「獨立」，培養思辨力及說服力。

題目：人類社會出現一種罕見的病毒，感染後將變成具有攻擊性的喪屍。現在全世界僅剩下你一人是未受感染的。請問：

1. 你會努力捍衛自己或是自願被同化？分析其中優缺點，並說明原因。（佔 10 分）

2. 被感染的多數和健康的你，誰才是「正常」的？請舉例並說明之。（佔 15 分）

步驟一：

圈一圈（圈出關鍵字，2分鐘）

題目：人類社會出現一種罕見的病毒，感染後將變成具有攻擊性的喪屍。現在全世界僅剩下你一人是未受感染的。請問：

1. 你會努力捍衛自己或是自願被同化？分析其中優缺點，並說明原因。（佔 10 分）

2. 被感染的多數和健康的你，誰才是「正常」的？請舉例並說明之。（佔 15 分）

步驟二：
想一想（想用什麼哏，2 分鐘）

在日常生活中，人們經常面臨抉擇，最常見的就是群體中為了找出共識，於是就有了「少數服從多數」的說法，然而，當大家共同做一件事時，多數能代表正確嗎？少數就是不正常嗎？又，多數與少數的意見，是否能同時並存呢？

心理學的「從眾效應」，指人們習慣跟隨群眾、在乎群體的一致性時，便不自覺地向群體靠攏，並放棄了自主性，只是盲目地一味跟隨大眾，一如電影《屍速列車》中的喪屍，失去了判斷力和思考力，一看到非同族的人類便一股腦地撲上啃咬，卻渾然不知啃咬的目的為何。

即使在現實生活中，我們也經常遇到類似狀況，舉例來說：

某個紅豆餅攤前，人龍排了一圈又一圈，此時飢腸轆轆的你，是否也忍不住跟著排隊，想試試口味？

入學大考出乎意料獲得高分時，你會選填人們眼中的知名大學

明星科系？或是堅持自己所愛，願意「高分低就」呢？

考試時，教室裡所有學生集體作弊，明知這是不對的行為，可是不跟隨的話，你就是唯一考不及格的人；此時，你會選擇參與作弊嗎？

在政治學和傳播學中有一「沉默螺旋」理論，指的也是類似狀況，當人們發現自己和多數人意見衝突時，會選擇沉默以對，只有想法一致時，才會願意表達。然而，當主流聲音越來越大時，其他與眾不同的聲音就會消失，如此一來，群體的力量就越來越大，少數人的意見就更不被重視了。

一旦了解從眾效應和沉默螺旋理論之後，我們必須思考，能不能勇敢突破從眾效應？在巨大的主流之中，能否堅持個人心中的價值？即使被歸類為非主流、不正常，也能勇敢、不盲從？

在文章中，舉出例子可幫助讀者清楚作者的思維。以下範文欣賞的這位作者，在論述之外，也能提出例子說明，面對狀況題的選擇和作法，都有其獨樹一幟的觀點呢！

步驟三：
畫一畫（畫出布局圖，1 分鐘）

第一題占 10 分，第二題占 15 分，分別為 25 分的 2/5 和 3/5，但沒有規定回答字數。考生應按配分比例來決定作答字數，避免多分題不夠字數、少分題卻太多字數，回答比重失衡，以致降低總得分：

第一題作答字數：600（作答總字數）x 2/5 = 240（本題作答字數）	
第一段	確定立場，並說明原因。120 字
第二段	分析這項決定的利與弊。120 字
第二題作答字數：600（作答總字數）x 3/5 = 360（本題作答字數）	
第一段	一般大眾對於「正常」的看法。100 字
第二段	你對「正常」的定義。150 字
第三段	如何面對自己與大眾的認知差異。100 字

步驟四：
寫一寫（寫出好文章，40 分鐘）

新北市竹圍高中一年級 黃子睿

問題 1：你會努力捍衛自己或是自願被同化？分析其中優缺點，並說明原因。

　　若世界上只剩下自己一個人，孤獨感和恐懼感將緊緊綑綁全身，走在路上隨時都必須擔心會受到攻擊，世上將只剩下敵人，難以生存。在這樣的情況下，我會帶著自己身為人類的驕傲，自我了結。

　　原因有兩個：一是一旦被同化為喪屍，一生的記憶也將消失，而我對死亡的看法，是希望自己可以帶著智慧和記憶，驕傲地死去；二是在如此腐敗的世界中，沒有人可以教導自己該怎麼做，這樣的生存方式已經不能定義為人類了，而是屬於一般動物的，沒有語言、歷史和交流，是一種沒有自覺的存在。

（本文得分：7 分）

問題2：被感染的多數和健康的你，誰才是「正常」的？請舉例並說明之。

　　人類自出生以來便被限制著，可能是法律，可能是社會觀，也可能是普世價值，因此，這世上本身就不包含真正的「正常」或「不正常」。「正常」這個詞是由人類所創造，每個人都會因道德倫理的規範而被困住。

　　在我的觀點中，不必理會他人的想法，只要認為自己是正常的，那你便是正常的。雖然人難免會因多數人的想法而改變思想，然而觀點並沒有所謂的對或錯，因為世界上的一切都會因時代的推進而產生改變。所以，只要保持自己的想法就好了，不必受他人影響，因為「自己就是自己」。舉例來說，如果老師規定值日生必須處理垃圾分類工作，但多數同學卻便宜行事，把能回收的物品也丟到垃圾場，而當你確信此規定是正確的，那就應該堅持，沒有必要恐懼其他同學的眼光。

　　世界上可能發生許多與自己作對的事，但如果能確切地堅持自己的價值，你就可以不受他人影響，就算成為他人眼中的「不正常」，那又如何呢？

（本文得分：11分）

知性題 07
問題組成一個小家族

　　自 107 年起，學測作文將獨立一節施測，80 分鐘內必須完成兩題作文，分別為知性題與情意題，並有可能以問題組合的方式測驗（108 年起將時間延長為 90 分鐘）。這種連番提問的題型，大約可分為幾類：

1. 兩小一大型：這種題型脫胎於過去國文非選題的命題方式，為顧慮考生作答負擔，兩小題共佔 100 ～ 250 字，而一大題的字數多為 400 字以內。此時大題的長文就不宜分為四段，否則的話，每段平均寫 100 字會顯得論述破碎。

2. 雙題並列型：按照字數要求，又可分為一中一大，中題常見 100 ～ 250 字為限，大題字數要求為 300 ～ 400 字不等。

3. 三題鼎立型：每題常見以 150 ～ 200 字為限。

4. 瑣碎小題型：截至筆者出稿之前，似乎僅見於坊間的模擬考卷，但未來也不排除出現在國寫測驗的試題上。

　　值得注意的是，如果題組型的問題沒有規定字數，只有每一小題配分，那麼同學就要按照配分的比例，來決定作答字數，避免在配分少的問題回答太多，配分多的問題卻沒有時間回答，可謂得不償失。

　　今天我們就以近期教育現場的一則消息為題材，討論國語文寫作能力測驗的得分技巧。

題目：日前，有老師以答題搶飲料的遊戲，帶領學生了解社會階級、貧富差距對人們的影響，提出「你是家中獨生子嗎？」「與父母同住嗎？」「父母會陪伴讀書嗎？」等先天優勢的七個問題，另有「成績是班上前十名？」「有閱讀習慣嗎？」「是否已清楚想要攻讀的科系？」等後天學習的三個問題。只要答案肯定者，就向前一步，反之則退後一步，當問題全數答完，老師一聲令下，全班學生便往飲料方向衝去，搶奪僅有的 5 瓶飲料。

結果發現，答案肯定題數越多者，與飲料的距離越是接近，奪得飲料的機率也偏高。而答案否定題數越多者，距離飲料越是遙遠，奪取飲料的機率也相對渺小，不少人因而直接棄權，因為「覺得不可能」；但有趣的是，這些站離飲料較遠的同學中，仍有不少人願意奮力一搏，試著跑跑看，因為「有跑就有機會」。

一、這場遊戲能讓學生學到什麼？（100字）

二、請分析遊戲設計的利與弊。（100字）

三、請以「人生起跑點」為題，寫一篇短文。（400字）

步驟一：
圈一圈（圈出關鍵字，2分鐘）

題目：日前，有老師以答題搶飲料的遊戲，帶領學生了解社會階級、貧富差距對人們的影響，提出「你是家中獨生子嗎？」「與父母同住嗎？」「父母會陪伴讀書嗎？」等先天優勢的七個問題，另有「成績是班上前十名？」「有閱讀習慣嗎？」「是否已清楚想要攻讀的科系？」等後天學習的三個問題。只要答案肯定者，就向前一步，反之則退後一步，當問題全數答完，老師一聲令下，全班學生便往飲料方向衝去，搶奪僅有的 5 瓶飲料。

結果發現，答案肯定題數越多者，與飲料的距離越是接近，奪得飲料的機率也偏高。而答案否定題數越多者，距離飲料越是遙遠，奪取飲料的機率也相對渺小，不少人因而直接棄權，因為「覺得不可能」；但有趣的是，這些站離飲料較遠的同學中，仍有不少人願意奮力一搏，試著跑跑看，因為「有跑就有機會」。

一、這場遊戲能讓學生學到什麼？（100字）

二、請分析遊戲設計的利與弊。（100字）

三、請以「人生起跑點」為題，寫一篇短文。（400字）

步驟二：
想一想（想用什麼哏，2分鐘）

　　不同於單一問法，組合式問法的常見「兩小題一大題」，這脫胎於以前學測非選擇題的命題方式，但是也不乏「兩題並列」、「三題鼎立」的情況，無論如何，問題的分數配置與要求字數呈正比。在答題時必須注意，每個問題的論述不宜重複，即使要講相同的東西，也要換個句子或說法，才不會在答題之間寫來寫去都是同一套，彷彿鬼打牆。以下說明三個答題重點：

1.　擷取資料，不重述題目：題幹內容往往藏了許多細節，要用挑剔的眼力抓出關鍵字，再針對發問，舉證資料，來提出個人見解。不少同學書寫時，只是照抄題目，沒有個人觀點，想騙分數也騙不到。第一題問「學到什麼」，就不必將遊戲過程再重複一次，直接寫出個人分析就可以了。

2.　有問必答，沒答不給分：題目有問，就要有答，例如「分析遊戲設計的利與弊」，就必須分別說明它的優點和缺點，優點是面對真實的人生、了解學習的重要等，缺點是弱勢學生可能因而自暴自棄、問題只聚焦在個人努力而非社會公義等。

3. 各個擊破，上下有脈絡：組合式問題就像一個小家族，每個問題環環相扣，上下題都有關聯，因此，第三題的短文還是必須延續前兩小題之脈絡。以第三題的「人生起跑點」來說，並非創作一篇新文，而是經過前兩題的思考之後，把延伸的想法寫出來。

步驟三：

畫一畫（畫出布局圖，1 分鐘）

第一題	
不分段	遊戲讓孩子提早面對現實，透過後天努力仍有贏的可能。100 字
第二題	
不分段	先後天的問題劃分具有爭議，題數不均，且偏重學業成就。100 字
第三題	
題　目	人生起跑點
第一段	簡述不同人生面貌。60 字
第二段	以「龜兔賽跑」為例，質疑故事結局。130 字
第三段	挑對戰場，比盲目的努力更有用。150 字
第四段	要自己設定終點線。60 字

步驟四：
寫一寫（寫出好文章，40 分鐘）

【範文欣賞】

台北市麗山高中二年級李以昕

問題一：這場遊戲能讓孩子學到什麼？

　　透過文中所述這殘酷的遊戲，學生能藉此感受真實的人生，理解自己先天條件上與他人的差異，並進而領悟到努力的重要。同時，由於後天條件的題目多關乎學習的積累，可讓學生明白後天進步是緩慢的，差異卻是一點一滴弭平，不必操之過急。

問題二：請分析遊戲設計的利與弊。

　　此遊戲最大的好處是，能使學生明白差異須透過努力追趕才有機會消除。但相對的，其設計也有些許弊病，好比說，後面三題「後天學習」的題目，其實跟先天條件也有或多或少的關聯。又或是，成績在班上前十名便能向前，每人專長本就不同，以學業成績做定奪如何能公平？實有三思之處。

問題三：請以「人生起跑點」為題，寫一篇短文。

人生起跑點

從生活中各個面向，我們皆能很輕易地發現，這個社會並不存在人人平等的理想狀態，總是會有人的出生是「鑲金又包銀」，而有人則在襁褓中便餐風宿露。

普世價值告訴我們，只要努力，總有一天能克服這些差異；「龜兔賽跑」的勵志故事人人耳熟能詳，然而，試想假若今日擅長跑步的兔子並未躲到樹下休息，而是拚盡全力地衝向終點，烏龜豈有一絲一毫的機率獲勝？難道每個弱勢個體，都僅能倚賴先天優勢者的鬆懈，才有機會成功？

這樣隨機的機會是不可靠的，我認為，比較實際的做法應是明知速度無法取勝時，便拒絕投入這場比賽，比其他項目，像是游泳或耐力，龜的泳技、壽命總是勝過兔的，假以時日，勝負自會分曉。

別在明知希望不大的比賽注入無謂的氣力，發現自己優勢並運用可能的資源，將心力投諸其上方是明智之舉。我們也許不能選擇

自己的起跑點，但可以選擇要將終點設於何處。

（本文得分：19）

知性題 08
鑽石般的角度，洋蔥般的層次

　　近期街頭藝人證照考試引發許多爭議，先是有參加者抨擊評審刻意刁難，後又有資深藝人報考未被錄取，這些新聞掀起各界熱烈討論，到底才藝資格該如何審查？證照是否能證明藝術價值？這次我們就要以此為題，練習批判能力。

題目：街頭藝人證照之我見

說明：街頭藝人考試評審打斷表演的新聞，引起大家對此制度的關注，有人認為藝術表演不應被審查，有人則認為此制度有助於掌控表演品質。請針對此事，書寫個人觀點。（字數不限，需抄題目，占 25 分）

步驟一：
圈一圈（圈出關鍵字，2 分鐘）

題目：街頭藝人證照之我見

說明：街頭藝人考試評審打斷表演的新聞，引起大家對此制度的關注，有人認為藝術表演 不應被審查 ，有人則認為此制度有助於 掌控表演品質 。請針對此事，書寫個人觀點（ 字數不限，需抄題目 ，占 25 分）。

步驟二：
想一想（想用什麼哏，2分鐘）

　　多角度，就像觀看一個正方體，至少可以看到六個面；多層次，每一個面都像是一顆洋蔥，一層一層剝開，越來越深入。以「街頭藝人考照」為例，可從這樣的思路切入：

1. 街頭表演的場地是戶外空間，表演者應具備哪些條件？觀眾需要什麼樣的演出？如何提升街頭藝人的地位？（多角度）

　　就上述第一點，表演者應具備的條件如何決定？由哪個單位審核？有效期限多久？（多層次）

　　就上述第二點，觀眾所需要的演出類型如何測量？採取的觀眾樣本的採取方式及原因？（多層次）

　　同學可就上述第三點，提出多層次的意見。

2. 審查制度的標準為何？什麼樣的表演才叫專業？專業、藝術和受歡迎之間，該如何取捨？（多角度）

就上述第一點，審查制度的標準是質性或量化？會不會損及無形的美感價值？（多層次）

同學可就上述第二、三點，提出多層次的意見。

3. 〈憲法〉保障人民有表現的自由，審查制度是否限制了人民藝術表演的權利呢？制度執行時可能出現那些弊端？「表演」如何被定義？

同學可就上述第一、二、三點，提出多層次的意見。

4. 街頭表演受歡迎的關鍵，決定權是在觀眾還是政府？受歡迎的程度如何計算？

同學可繼續往多角度、多層次的方向去思考。

站在不同的視角，對事件就會有截然不同的看法。雖然社會上的種種爭議皆無標準答案，但在論述時只要合乎人情常理的認知，並清楚說明，就能提升批判能力，寫出觀點明確的論說文了。

步驟三：
畫一畫（畫出布局圖，1分鐘）

字數不限，可先設定為 600 字。若寫作途中寫得很順手，就酌量增加篇幅。

題　目	街頭藝人證照之我見
第一段	提出事件的質疑。100 字
第二段	藝術不能用證照去規範。150 字
第三段	要以證照規範，先做好「藝術」與「商業」的分類。150 字
第四段	街頭藝人的資格應由市場決定，藝術與否則取決於表演者的態度。100字

步驟四：
寫一寫（寫出好文章，40 分鐘）

【範文欣賞】街頭藝人證照之我見

台北市復興高中二年級黃士倫

　　一則街頭藝術家批評評審專業素養的新聞，乍看只是評審不尊重表演者的事件，實則牽涉到人民藝術自由的保障，也使人們思索藝術的價值與自由──當政府以公權力去評價藝術、街頭藝人必須先考執照的思維下，是否限制了藝術的開放性？又是否符合〈憲法〉對人民藝術自由的保障呢？

　　儘管「街頭藝人從事藝文活動許可證」的發放，可能只為了判定表演是否符合藝術性，但難道藝術與非藝術之間有明確界線？藝術展現沒有自由性嗎？若依此理推論，難道未來的畫家需要畫家執照、作家也需要寫作證件嗎？藝術家在自由創作的同時，還必須追逐一張張的證照，是否會扭曲創作的本質、限制了冷門藝術的可能性？對國家的文化素養又豈是良好影響？

　　街頭藝人證照的規定，正反兩方各持己見，反對者認為此舉違

反了〈憲法〉人民自由權利，藝術創作不應該有公權力介入。贊成者則認為證照可以確實掌控藝人品質，使那些胡亂用口琴吹奏五音不全的「小蜜蜂」、幾乎就是變相乞討的人，無法再魚目混珠；但建議應該侷限於區分「藝術」與「非藝術」，而不是把藝術「品質化」、「規格化」，甚至「數據」化。

　　證照，在功利淬鍊下，早已從對專業的渴望轉變為求取功名的捷徑，未來在藝術的文化素養上，是否會像其他似餐飲證照般分成三個等級、作為成就的衡量標準？在此，我認為創作不該有其侷限性，在人們擁有文化素養的前提下，那些不符合藝術、變相乞討的人們，自然會被群眾所淘汰，並不需要由公權力介入；若要真的透過制度審核，判量的標準則應是表演者對藝術的態度。

（本文得分：18）

知性題 09
摸清答題的脈絡

　　社會現象是學測國文科考試中常見的選材，如 95 年火星文「3Q 得 Orz」入題，而 105 年的「我看歪腰郵筒」、108 年的「減糖宣傳」，更是成為作文考題，以檢驗同學們對社會的觀察。

　　的確，身為知識份子，本該關懷國家、社會，一肩扛起推動其進步的責任，一如范仲淹所說：「先天下之憂而憂，後天下之樂而樂。」如果冷眼看待社會現象，冷漠以對，又如何能深入了解、甚至進一步改變改革呢？所以啦，別以為「現在流行什麼？」只是一句過去風靡台灣的懷舊歌詞，也是自詡很有創意、人老心不老的命題委員們，最喜歡出的題型。因此，考生們也必須反問自己，千萬別因埋首書堆，而與社會脫節了喔！

這次讓我們穿越時空，來到遙遠的唐朝長安城，見識一下當時的流行風潮。

題目：流行現象，自古至今皆相同，300 多年前歐洲興起一股「鬱金香熱」；1980 年代台灣曾陷入一陣「蘭花熱」。而流行事物，宛如童話故事中的吹笛手，吹奏笛聲便能讓人們緊緊跟隨。

白居易在作品〈買花〉中，便提及唐朝人民對牡丹的熱愛，上從王公貴族、下至平民百姓，人人皆拜倒在牡丹的魅力之下。請根據資料，先分析唐朝牡丹熱的原因及影響，接著再舉出身邊的流行事例，並提出自己的看法。（文長 25～27 行，佔 25 分）

〈買花〉·白居易
帝城春欲暮，喧喧車馬度。
共道牡丹時，相隨買花去。
貴賤無常價，酬直看花數。
灼灼百朵紅，戔戔五束素。
上張幄幕庇，旁織巴籬護。
水灑復泥封，移來色如故。
家家習為俗，人人迷不悟。
有一田舍翁，偶來買花處。

低頭獨長嘆，此嘆無人喻。

一叢深色花，十戶中人賦。

圈一圈（圈出關鍵字，2 分鐘）

題目：流行現象，自古至今皆相同，300 多年前歐洲興起一股「鬱金香熱」；1980 年代台灣曾陷入一陣「蘭花熱」。而流行事物，宛如童話故事中的吹笛手，吹奏笛聲便能讓人們緊緊跟隨。

白居易在作品〈買花〉中，便提及唐朝人民對牡丹的熱愛，上從王公貴族、下至平民百姓，人人皆拜倒在牡丹的魅力之下。請**根據資料**，**先分析**唐朝**牡丹熱的原因**及**影響**，接著再舉出**身邊的流行事例**，並提出自己的**看法**。（**文長25～27行**，佔 25 分）

〈買花〉‧白居易
帝城春欲暮，喧喧車馬度。
共道牡丹時，相隨買花去。
貴賤無常價，酬直看花數。
灼灼百朵紅，戔戔五束素。
上張幄幕庇，旁織巴籬護。
水灑復泥封，移來色如故。
家家習為俗，人人迷不悟。

有一田舍翁，偶來買花處。

低頭獨長嘆，此嘆無人喻。

一叢深色花，十戶中人賦。

步驟二：
想一想（想用什麼哏，2分鐘）

　　這次的題目設計，考驗同學們的思考脈絡，必須回答「分析唐朝牡丹熱」、「你怎麼看待身邊的一項流行事物」，兩個問題彼此相關，答完前面的部分，才能接答後面的部分。也就是說，考生對於唐朝流行的分析，正好拿來評論當今的流行。因此，答題可分為兩個面向：一，先閱讀引文材料，分析唐朝牡丹熱的原因及影響；二，再以此類推，舉出當今的流行事例，並藉古喻今，論述你對這場流行風潮的觀點。

　　白居易的〈買花〉除了前半段描述人人對牡丹的狂熱之外，後半段的「人人迷不悟」、「低頭獨長嘆」、「一叢深色花，十戶中人賦」等句，都藏著作者對於「物貴人賤」的喟嘆。因此，同學們寫完牡丹熱的分析後，接答現今的流行現象時，應要「以此類推」舉出事例，並從批判的角度切入，呼應白居易的感慨。誰說唐朝的智慧劍，不能斬斷今日的煩惱障？

步驟三：
畫一畫（畫出布局圖，1分鐘）

文長 25 ～ 27 行，不必換算字數，每一段直接分配行數即可。（註：本書排版與國寫答案卷不同，因此行數不會一致。）

題　目	分析「牡丹熱」原因：國力鼎盛、上行下效、身分象徵等。4行
第一段	影響：建立新價值，造成拜物行為、富者買花貧者嘆。4行
第二段	流行事例：名牌包、夾娃娃機、自拍或直播等。4行
第三段	對照牡丹熱，提出對上述流行的看法。4行
第四段	重申立場，建議可行方法：由大學生審高中教材，拒絕任何暴力形式。100字

寫一寫（寫出好文章，40 分鐘）

以下，就看看這兩位同學的作品吧！

【範文欣賞】

台北市第一女子高中二年級　韓昀倢

古今中外的社會中，總充斥著許多一波未平一波又起的時代潮流，而由引文所述，唐代「牡丹熱」便確切地反映此社會現象。人們爭相搶購、栽種牡丹，一片片鮮血的花瓣彷彿堆砌出了人們富與貴的頭銜。根究其原因，或許是國家在當時有著短暫的鼎盛與太平；再者是人們汲汲於凸顯自身不凡的心境；抑或是上位者對廣大平民的牽引力。

而影響所及，從白居易的〈買花〉一詩，便能清楚窺見牡丹熱對唐代社會的劇烈影響（價值建立）。牡丹順理成章地成了人們相互交流的話題、評判對方的圭臬，看似全國都沉浸在牡丹熱的風潮之中，老翁一聲長嘆，卻讓人看出了該社會現象悲悽的一面。「一叢深色花，十戶中人賦」，娓娓道出人們為此執迷不悟，價值觀有

所曲解的結果。

當時的牡丹花猶如今日的名牌包，陳列在精品名店的櫥窗，在特殊光線的照耀下，它們身姿熠熠，總能攫住眾人目光，殊不知其真正攫住人心的，是那名貴的象徵。有的為了在職場上塑造氣派形象；有的為了在多年後的同學會中顯得仕途順遂；有的則是為了在路上接受眾人欣羨的目光。為此，許多人常常省吃儉用，摒除自己其他欲望，長達一段時間後，才能購得他們朝思暮想之物。

對於那些狂熱之人，這樣追求事物的過程又何嘗不是種自我的實現？為了自己渴望之物，懂得犧牲取捨，又何嘗不是一種學習？然而若是陷入了非理性的盲目追求，將會成為社會崩壞的肇因。因此當一波風潮開始襲捲社會時，人們應審思其背後的意涵，釐清自己的心態，才能避免本末倒置、扭曲初衷。

（本文得分：20）

【範文欣賞】
台北市中正高中三年級　陳彥齊（錄取元智大學資訊管理系）

引文提及，「牡丹熱」文化形成的原因是為了追求他人的肯定

或認同，進而成為個人身分地位的象徵。這類風潮大多是由上位者的特殊習慣、喜好承襲，進而改變社會大眾對於既有文化的認知。

　　我認為這種社會風氣的流行從古至今皆相同。像戰國時期齊桓公愛好紫的這起事件，牡丹熱不只炒高市場價格（十戶中人賦），吹捧拜物風氣（上張幄幕、旁織巴籬、水灑泥封等），更呈現了由上到下的文化傳遞現象，還暗示了作為被大多數民眾注目的人，必須要學會謹言慎行。因此，在上位者，唯有了解到自己的言行會影響這個社會，並時時自我省思，才能擁有被關注的資格。

　　現今生活中，有許多類似「牡丹熱」的現象產生。例如夾娃娃機的興起，原先只是用來賺點蠅頭小利的工具，在許多網路紅人影片的影響下，頃刻間，大街小巷遍佈了種類不一的夾娃娃機店面，加上猶如賭博的刺激感，成功帶起青少年對於「夾娃娃」一事的風潮。

　　現象熱也不是全然沒有好處的，由商業角度來看，它是一種炒作，把利益最大化，甚至能使原先銷量停滯不前的商品供不應求。從社會的角度看來，它帶給人們一個證明自己的機會，去跟從未有過交集的人們交流，彷彿自己也躍升為與名人相同階級，也可以藉此疏通某些卡關的流程。總結來說，這種短暫的變動會使眾人的審

美觀大幅改變，但要小心他人對此的操弄，方能避免被狂熱的潮水
淹沒。

（本文得分：19）

知性題 10
選立場 A 或立場 B？

　　面對舊題型的學測作文，考生為了揣測閱卷老師的立場，採取模擬兩可的攻勢，既不向東，也不朝西，盡量保持中立，就是為了避免牴觸閱卷老師的想法而被扣分，但這樣的作品常常言不由衷，也不具說服力，堪比雞肋。而新式的國寫考法，閱卷老師要看的是觀點和脈絡，考生不必鄉愿，也不用討好任何人，尤其在遇到題目中有不同立場讓你選擇時，務必當機立斷選邊站，支持哪一邊都沒關係，立場曖昧或搖擺，反而拿不到好分數。所以，儘管把想法大膽說出來吧！

　　這次我們就以知名的「棉花糖實驗」為題，寫出你認同的觀點吧！

題目:請閱讀以下兩篇資料,再以「等待,一定會換來第二顆棉花糖」或「等待,不一定會換來第二顆棉花糖」為題,寫出你對這個實驗的看法,文長約500字。（25分）

〈資料一〉等待,一定會換來第二顆棉花糖

　　美國史丹佛大學教授沃爾特‧米歇爾（Walter Mischel）在1960年代進行一項實驗,名為「棉花糖實驗」（又名「延遲享樂實驗」）,以80餘位家庭背景不錯的幼稚園孩童為受測對象,單獨進行實驗,先由親切的女性工作人員給孩童一顆棉花糖,並且提供孩童兩個選擇:一是立刻吃掉棉花糖;二是先不吃棉花糖,工作人員會離開15分鐘後回來,如果在這段獨處時間內不吃棉花糖,等工作人員回來後就可以獲得第二顆。實驗後續追蹤這些孩童,發現願意等待棉花糖的人,長大後的社會成就比不願意等待者,高出許多。這個實驗告訴大家,忍耐才會成功,擁有自制力的人,才能擁抱成功人生!

〈資料二〉等待,不一定會換來第二顆棉花糖

　　美國紐約大學教授泰勒‧韋特斯（Tyler Watts）在2000年代進行新版的棉花糖實驗,比起第一版實驗,大幅增加樣本數,以

900 餘位四歲孩童為對象,且包含不同種族、家庭條件等。結果發現:

1. 不願意等待第二顆棉花糖的孩子通常出身貧困,因資源獲取不易,必須積極爭取眼前事物。等待,對貧困孩童來說,太過冒險。過去的經驗讓他們選擇立刻吃掉棉花糖,如此才是最保險的。

2. 願意等待的孩子大多家庭經濟條件優渥,有充裕的物質資源,對物質的安全感較高,所以不急著吃掉棉花糖。

3. 自制力不會提高孩童未來成就,家庭經濟和環境才是影響關鍵。

步驟一：
圈一圈（圈出關鍵字，2 分鐘）

題目：請閱讀以下兩篇資料，再以「等待，一定會換來第二顆棉花糖」或「等待，不一定會換來第二顆棉花糖」為題，寫出你對這個實驗的看法，文長約 500 字。（25 分）

〈資料一〉等待，一定會換來第二顆棉花糖

美國史丹佛大學教授沃爾特・米歇爾（Walter Mischel）在 1960 年代進行一項實驗，名為「棉花糖實驗」（又名「延遲享樂」實驗」），以 80 餘位家庭背景不錯的幼稚園孩童為受測對象，單獨進行實驗，先由親切的女性工作人員給孩童一顆棉花糖，並且提供孩童兩個選擇：一是立刻吃掉棉花糖；二是先不吃棉花糖，工作人員會離開 15 分鐘後回來，如果在這段獨處時間內不吃棉花糖，等工作人員回來後就可以獲得第二顆。實驗後續追蹤這些孩童，發現願意等待棉花糖的人，長大後的社會成就比不願意等待者，高出許多。這個實驗告訴大家，忍耐才會成功，擁有自制力的人，才能擁抱成功人生！

〈資料二〉等待，不一定會換來第二顆棉花糖

　　美國紐約大學教授泰勒・韋特斯（Tyler Watts）在 2000 年代進行新版的棉花糖實驗，比起第一版實驗，大幅增加樣本數，以 900 餘位四歲孩童為對象，且包含不同種族、家庭條件等。結果發現：

1. 不願意等待第二顆棉花糖的孩子通常出身貧困，因資源獲取不易，必須積極爭取眼前事物。等待，對貧困孩童來說，太過冒險。過去的經驗讓他們選擇立刻吃掉棉花糖，如此才是最保險的。

2. 願意等待的孩子大多家庭經濟條件優渥，有充裕的物質資源，對物質的安全感較高，所以不急著吃掉棉花糖。

3. 自制力不會提高孩童未來成就，家庭經濟和環境才是影響關鍵。

步驟二：
想一想（想用什麼哏，2分鐘）

題目中出現不同論點時，到底該選哪一方呢？

不論哪一種題目，通常會有一個比較合乎常理、大多數人們都認同的立場，也就是大家口中的「政治正確」，這類多半與普世價值有關，像是忍耐、關懷、勤奮、公平、忠實……等。考生如果選擇此方，能穩穩當當的拿到安全分數，不過也可能因為大家的選擇都相同，而顯得平淡無奇，讓閱卷老師感到審美疲勞，難以拿到高分。

反之，挑戰少數人支持的立場，像是及時行樂、自我放逐、特立獨行等，這些不受普羅大眾推崇的價值，書寫起來難度高，可能也不甚討好，但好處是能在茫茫考卷大海中躍現海面，讓閱卷老師眼睛為之一亮，如果立論佳，更能拿到漂亮的好分數；不過也可能弄巧成拙——就看考生如何評估了。

步驟三：
畫一畫（畫出布局圖，1分鐘）

兩種立場的布局範例如下：

等待，一定會換來第二顆棉花糖	
第一段	兩個實驗告訴人們：耐性造就成功，而家境影響小孩是否具有耐心。100 字
第二段	富裕家庭培養小孩耐性，而導致未來成功，證明了耐心是成功關鍵。重點在於教育小孩突破物質的不安全感，建立耐性與自制力，才能迎向成功人生。300 字
第三段	自然法則說，果實要等待成熟；人性法則說，等待之後的果實才甜美。100 字
等待，不一定會換來第二顆棉花糖	
第一段	第一個實驗設計有問題：樣本太少，未能考慮其他因素。150 字
第二段	耐心不導致成功，做感興趣的事才會。舉出事例來支持論點。150 字
第三段	現今成功條件，在於掌握時機，快速反應。100 字
第四段	盲目等待的風險太高；唯有把握機會，才能豐富人生。100 字

步驟四：
寫一寫（寫出好文章，40 分鐘）

這次兩位同學都選擇難度較高的立場，讓我們一起來看看吧！

【範文欣賞】等待，不一定會換來第二顆棉花糖
台北市建國中學三年級 鍾仕賢（錄取交通大學運輸與物流管理學系）

根據文章內容，我的觀點如下：

首先，第一版「棉花糖實驗」設計未臻完善，只收集了近一百份問卷，並無法代表全部的小孩，而且在「實驗環境」下所做的測試可能忽略現實社會中的種種變數，所以我認為並不能因此就在「忍耐」和「成功」之間劃上等號。

第二，耐心未必取得成功，自古以來，人們皆認為「擁有自制力才能擁抱成功人生」，也認為「缺乏耐心」是人們較難成功的原因，但我並不認同，如果賈伯斯沒有在讀大學時休學創業，而是繼續忍受使他感到無趣的大學生活，那麼聞名全球的蘋果手機可能永

遠不會出現。

　　第三，時機的掌握比忍耐重要，現今社會發展迅速，產業的興起、落沒僅僅發生於一夕之間，若只是一昧忍耐、埋頭苦幹，可能會錯過許多良機，最後一事無成，白白浪費掉大半人生後，才後悔當初為何完全拋棄享樂。

　　因此，我主張及時行樂，把握每次充實自己、豐富人生的機會，人生在世短短百年而已，禁不起時間機器的壓縮，但若在其中適時加入蜜糖，不僅能潤滑，也能滋養生命。

（本文得分：18）

【範文欣賞】等待，不一定會換來第二顆棉花糖

台北市薇閣中學高中部三年級　賴柏宏（錄取清華大學材料工程學系）

　　對於引文所述，我的觀點有三：

　　第一，棉花糖理論並不適用於每個人，對於先天條件不佳的人而言，一味的等待只會使他們被社會淘汰。第二，成功條件並不只有「忍耐」。倘若克制慾望即能成功，那成功的條件未免太過簡單。第三，現實的不確定因素太多而無法輕易預測，有些人一輩子披星

戴月所累積的財富，可能因為一個意外便化為烏有，這時比起那群及時行樂，遵循慾望行事的人，所付出的努力皆為白費功夫，而顯得毫無價值。此三項觀點即證實了等待不一定會得到回報，有時甚至會遭受損失。

　　因此，我認為有彈性的等待才是面對變化莫測的社會，最佳的處理方式。愚昧的等待不僅失去享受的樂趣，甚至可能流失先前累積的成就，應對進退都必須視當下的環境而定，倘若情況穩定平和，則忍受慾望並等待成果，豐厚的收穫是指日可待的；倘若情況動盪不安，再多的付出都有可能化為流水，還不若適時的犒賞自己來度過艱困的時期。忍耐固然重要，但最後的成功仍取決於能否掌握機會，做出關鍵的選擇。

（本文得分：20）

知性題 11
社會議題就是考題

　　寫作的最高境界，是貼近人性，反映事實，這也就是下筆之前的「問題意識」——我發現了這些問題！詩人杜甫有詩聖、詩史之美譽，正因作品提出了當代問題，揭露當時社會的矛盾與悲慘，也充滿對人民及土地的憐憫。

　　面對寫作測驗的同學們，更要了解現今大眾關心的議題，畢竟生而為人，大家都很抱歉，我們已經把地球變成狗屁倒灶的鳥球，只好強迫各位一起來集思廣益，把社會議題變成考題，說不定真能從中篩出什麼人中龍鳳，替大家收拾爛攤子，那就美滿又安康了。

　　這次就以時下熱烈討論的「社會階級」議題為例，練習一篇知性題作文。

題目： 自古以來，階級之間壁壘分明，存在著一道道無形的牆，將社會圈分出層層領域，宛如三個同心圓：掌握權勢者，居於最內層的圓，他們擁有豐厚資源，是既得利益者，屬於頂層階級；第二層圓乃中產階級，望著與第一層圓之間的高聳城牆，他們費盡心力，想要透過學歷、財富、努力躋身權貴之列，卻往往不得其門而入，甚至一不小心就失足摔落至第三層圓；最外圍的第三層圓屬於弱勢的市井小民，這裡的人們難以翻身，不敢奢望跨越第二層圓，更別說是進入第一層圓。請問：階級，是與生俱來的嗎？可以撼動、推翻嗎？請以「翻越階級的城牆」為題，提出你的觀點和看法，寫出一篇文章。（文長不限，占 25 分）

步驟一：
圈一圈（圈出關鍵字，2分鐘）

題目：**翻越階級的城牆**

說明：自古以來，**階級**之間壁壘分明，存在著一道道無形的牆，將社會圈分出層層領域，宛如三個同心圓：**掌握權勢者**，居於最內層的圓，他們擁有豐厚資源，是**既得利益者**，屬於頂層階級；第二層圓乃**中產階級**，望著與第一層圓之間的高聳城牆，他們費盡心力，想要透過學歷、財富、**努力躋身權貴**之列，卻往往**不得其門而入，甚至一不小心就失足摔落至第三層圓**；最外圍的第三層圓屬於**弱勢**的市井小民，這裡的人們**難以翻身，不敢奢望跨越第二層圓，更別說是進入第一層圓**。請問：階級，是**與生俱來的嗎**？可以**撼動、推翻**嗎？請提出你的觀點，寫出一篇文章。（**文長不限**，占 25 分）

步驟二：
想一想（想用什麼哏，2 分鐘）

這次的主題，可以從下列幾個方向著手：

1. 階級形成的原因

「含著金湯匙出生」用以形容富家子弟世襲富貴的地位，同理可知，中產階級、弱勢階級的身份亦是一出生就決定了。除了世襲之外，家庭教育、生活環境往往也影響一個人的視野、思維、氣度和格局，俚語「老鼠的兒子會打洞」即是此義。但出生的那一刻決定了當下，難道也斷定一輩子嗎？

2. 從例子思維階級跨越的原因

在浮世百匯中，「階級」一直是觸動人心的議題，與之相關的故事也為人所津津樂道：如朱元璋推翻元朝為帝、負心漢陳世美為了保有駙馬地位而拋妻棄子、《乞丐王子》乞丐與王子互換身份體驗、甚至蘋果電腦創辦人賈柏斯從車庫創業的無名小卒翻身為國際風雲人物……，同學不妨思考，上述幾位人物所在的階級形成的原

因：

◆歷史動盪：朱元璋由一介平民躍為皇帝。

◆教育提升：陳世美考取功名，受到皇帝賞識。

◆心態錯誤：陳世美淪為階下囚。

◆奇妙巧合：乞丐與王子巧遇後，協議交換身份。

◆身份世襲：乞丐與王子交換身份後，最後還是回到原有的生活。

◆努力上進：賈柏斯勇於突破，成功創業。

是否還有其他因素，能促使階級流動？

3. 如何面對

厚實的階級城牆，牢牢地鞏固牆內階級的權力，不願讓牆外的人翻越，但奇妙的是，外圍兩個階層卻費勁想要打破城牆，以求鹹魚翻身的一天。鹹魚果真有翻身的機會嗎？而靠近圓心的階級是否

有掉出城牆的一天？兩者機率又為何呢？最後，呼籲人們，不論處於任何階級，都應該要有所行動，或保住自己的階級，避免自己向下沉淪；或勇於當那條翻身的鹹魚，想辦法成為那少之又少的「機率」。

步驟三：

畫一畫（畫出布局圖，1分鐘）

這題不限字數，就以 600 字為基本要求。

題 目	翻越階級的城牆
第一段	亂世造成階級流動，那在盛世呢？100 字
第二段	民主社會中，金湯匙不再可靠。200 字
第三段	真正的城牆，是自我的卑微心態。200 字
第四段	階級因人而流動。100 字

步驟四：
寫一寫（寫出好文章，40分鐘）

【範文欣賞】翻越階級的城牆

台北市成功高中三年級林冠宏（錄取台灣大學政治系）

　　從改朝換代到太平盛世，社會階級隨著時局的動盪起伏著，平民趁著動亂打破上層的城牆，成為上層後再建造起自身的城堡。社會階級的流動是否只能存在動盪亂世之中？若身處太平盛世，是否高聳的階級城牆就無法擊破？

　　往昔，長達百年的世家大族築起了最頑強的城牆，王公貴族霸佔城牆最核心，平民百姓只能在城牆外的投以欣羨眼光。但如今民主的社會已不同以往，在城牆中心的富二代或許可當個稱職的「靠爸族」，但人人皆說「富不過三代」，有才能、願意努力之人方能在上層階級穩固不墜，而啣著金湯匙出生、卻徒有背景之人，只能等待沒落的到來。現今也越來越多大企業家選擇讓子女從基層做起，而非空降高職，為的就是磨練子女，以便將自己打造的江山給予成才的子女，維持霸業。

城牆外的市井小民，經常抱怨無法跨越城牆，將一切成因歸咎於命運之不公，但導致現今社會無流動的真正原因是妄自菲薄，過度輕視自己，並以「階級僵化」作為不願努力的藉口。事實上，自古以來，不論是門閥、貴族的衰落，抑或是貧民出身的政治家、大企業家，比比皆是。由此可知，打破階級城牆，並非不可能。或許，社會階級難以流動之主因，並非階級城牆所致，而是我們本身頑固的自卑心態。

　　現代社會注重才能，但階級僵化也是不可抹滅的事實，鹹魚翻身固是不易，但也絕非不能。這城牆不論再高、再厚，終歸是要靠自己的努力，方有衝破的一天。

（本文得分：19）

知性題 12

國寫應考力 1＝有問必答＋條列作答＋呼應文本

新題型的學測國寫測驗為「材料作文」，也就是提供文章、表格等引導資料，以此為範圍命題。考生必須先理解資料之後，再根據題目要求一一作答。因此，和傳統命題式作文相較之下，更需要加以練習。

題目：「學生應不應該穿制服」是一個常見的校園議題，主張應該穿制服之論點如下：學生服裝相同，可幫助學生融入群體；培養對學校的認同感；避免學生奇裝異服；避免學生分心於穿著打扮；保護經濟弱勢生；是未來進入社會的事前訓練（如穿制服的護理師）；掌握學生出勤狀況；辨識闖入校園的校外人士。
請以「學生不應該穿制服」為題，反駁上述資料，並陳述個人觀點。

（文長不得少於 22 行）

圈一圈（圈出關鍵字，2分鐘）

題目：「學生應不應該穿制服」是一個常見的校園議題，主張應該穿制服之論點如下：學生服裝相同，可幫助學生融入群體；培養對學校的認同感；避免學生奇裝異服；避免學生分心於穿著打扮；保護經濟弱勢生；是未來進入社會的事前訓練（如穿制服的護理師）；掌握學生出勤狀況；辨識闖入校園的校外人士。

請以「學生不應該穿制服」為題，反駁上述資料，並陳述個人觀點。（文長不得少於22行，佔 25 分）

步驟二：
想一想（想用什麼哏，2分鐘）

　　材料作文的特色為「題幹長、問題多、要求也多」，為了控制答題時間，閱讀資料時宜邊看邊畫重點：圈選關鍵字，將關鍵句子加一條底線。這樣寫答案時才能快、狠、準！同時應把握下列三個原則：

一、有問必答：題目中的每項規定都必須回答，才不會被扣分，例如問「反駁」，就要提出反對的論證；要求「提出觀點」，就要寫出個人看法；有規定字數，就應符合要求。

二、條列作答：本次引文資料龐雜，建議使用下列方法：

　1. 依序法：按照題目中的問題順序，逐一回答，這可避免漏答。如範文一。

　2. 分類法：先將題目內容分類，再按照類別，依序作答。如範文二。

三、呼應文本：不論提出任何觀點，都必須從材料的基礎出發，應適

當採用或引述題幹內容，做到「文有所本」，切勿另起爐灶或無中生有。

步驟三：
畫一畫（畫出布局圖，1 分鐘）

文長不得少於 22 行，就先在每一段分配最低行數，不必算成字數。
作答過程中，再酌量增加篇幅。

題　目	學生不應該穿制服
第一段	先總結反對穿制服的論點。5 行
第二段	逐條反駁前半部分（或 A 分類）。6 行
第三段	逐條反駁前半部分（或 B 分類）。6 行
第四段	最後，提出不穿制服的優點。5 行

步驟四：
寫一寫（寫出好文章，40分鐘）

【範文欣賞】學生不應該穿制服

台北市建國中學三年級 鍾仕賢（錄取交通大學運輸與物流管理學系）

　　我主張學生不應該穿制服，首先，購買制服所需的額外費用會造成弱勢族群經濟上的壓力，不符合引文所述的保護弱勢；再來，據引文所言，制服可提升榮譽感，幫助融入團體，但榮譽感及團隊精神是穿上制服就能形成的嗎？我認為「感覺」及「精神」是「心靈」的領悟，而「心靈」的提升要經過溝通、學習和實際行動，不是靠簡單的一件制服就能有所改變。

　　另外，引文提到「學生就該有學生的樣子」，不可穿著便服，不過以常理來說，學生該有的樣子應該是繽紛的、青春的、有活力的，但制服卻如一道符咒，封印了一切，讓學生看起來死氣沈沈、毫無精神；接著，引文認為穿著高中制服可落實校園控管及課堂點名，但這是沒有效果的，若有心人士穿著制服混入校園更加難以辨識，要提升校園安全的根本作法應該是增設圍牆監視器和強化學生自身保衛能力，至於課堂點名仰賴的是師生雙方對於上課的熱誠，

校方應該致力於提升校內學習風氣，而不是一味要求學生穿制服以方便登記缺曠。

我認為一旦可以不穿制服，學生便能發揮創意並摸索出適合自己的打扮，有助於未來在社會上的適應力。綜合以上觀點，我也堅信，學生不應該穿制服，面對時代的改變，世界潮流的演化，傳統的教育思維也必須隨之推進，否則將被時間巨輪狠狠輾過、遠遠拋下。

（本文得分：19）

【範文欣賞】學生不應該穿制服
台北市陽明高中三年級 錢天聿（錄取重慶大學通信工程專業）

我認為學生不應該穿制服。制服似乎已成為學生的必備，但處在青春，最美的年歲，制服更像沈重的包袱。引文中的論述分為兩部分──制服在傳統上的謬思和制服對他人的影響。

其一，制服在傳統認知下，能提升團體凝聚力，更容易融入群體，並使穿上制服的所有人，明白自己的身分。引文提及護理師、空服員的例子，說明出社會後，制服穿著是常態。但我們對團體產

生認同感，並不是因穿有相同款項的衣服，讓彼此愛戴，舉例來說，一群血汗勞工日日夜夜被壓迫，就算穿相同的制服也不會因而感到光榮。此外，若須用制服來使我們體認是團體中的一員，豈不更表示我們對團體本就無多少認同？護理師、空服員制服在身，是工作職場上要分別與他人的差異，學生並沒有這一類的需求。

其二，制服對他人的影響，引文認為便服突顯社經地位差距，互相較勁，並連帶增加學校管理難度。我認為，若有人有心炫耀財富，並不是區區制服能阻擋。況且，成天與別人攀比，才容易受到排擠，誰願意與這類人交好？再者，校方因難以辨別校內外人士，為校園安全問題就規定學生要穿制服，那豈不是連老師們的衣服都須統一？老師沒有以身作則，卻以此要求學生，這個辯點難以服眾。

制服象徵傳統的權力，是對自由的限制，是對個人思想的同化。我們的思想不應該戴上枷鎖，因此我主張學生不應穿制服。

（本文得分：19）

【範文欣賞】學生不應該穿制服

台北市第一女子高中二年級 韓昀倢

　　我主張學生不應該穿制服，制服象徵著一致的統一，在追求整齊、紀律的同時，也將孩子對自己獨特性的認知一併消除，並且間接束縛學生的創造力及思維模式。簡而言之，制服便是規範的具象化，滲入學校系統，馴化學生的價值觀。

　　以下就引文論點之疏漏加以闡述。其一，制服的出現並無法平等化校園群體，對於經濟較為拮据的家庭，制服將會是一筆不得不接受的開銷，相較之下為了顯現自己的與眾不同，有些學生會選擇訂製制服，抑或在制服上留下一些小巧思，對照之下貧富的差距依然未被消弭。

　　再者，並非所有制服均象徵著榮譽，如囚犯的制服便是種羞恥的束縛，有時制服也如同枷鎖，背負在學生肩上的是社會對學校的刻板印象，學生無法將自己從框架中抽離。其三是制服並無法完全的區別出校內及校外人士，人人唾手可得的制服，反而成為有心人士混入校園的最佳利器，進而對校園安危造成威脅。

　　最後，制服的存在間接奪取了學生認識、表達自我的能力及機

會。成長是發掘自己所愛以及自我的定義，同時也得有抉擇取捨的能力，在服裝的穿搭中，均是對上述能力的基本培養。學生藉由思辨服裝的合宜與否，釐清自己當下的身分，比起校方用制服強行箝制孩子的思想，前者更有助於學生思維模式的成熟。

現今世代講求多元、創造，世人鼓勵孩子發展特長並對自己有信心，我認為首要之務，便是讓孩子意識人人皆有獨特性，而制服的存在便是一大阻攔，與社會的脈絡背道而馳，因此我主張——學生不應該穿制服。

（本文得分：20）

國寫應考力2=（名嘴體＋文青體）×切換速度

　　自 107 年度起，學測的國寫測驗獨立為一科，分數更占國文成績的一半，成為高中學子渴望攻頂的科目。即使 108 年學測將測驗時間延長為 90 分鐘，但在教學現場中，多數同學反應：面對「知性題」和「情意題」兩種截然不同的題目，必須在短時間內要迅速切換思維及寫法，是最大的壓力所在。這次，我們就以同一閱讀材料，做出兩種命題，並提出簡單的思維切換技巧。

引文：美國科學家曾進行一項「傷痕實驗」，邀請志願者擔任實驗對象，由電影特效化妝師在其臉部化上皮開肉綻、令人不忍卒睹的假傷痕，藉此測驗人們對自己臉部有缺陷時的反應。實驗結束後，

志願者紛紛表示，陌生人的眼光顯得不友善、帶有歧視意味等等。然而，早在志願者走出實驗室前，化妝師已以補妝為由，趁機卸除假傷痕；也就是說，志願者面對陌生人時，臉上並沒有任何傷痕，呈現的是自己原本的面貌。

以下兩則題目，任選其一作答即可。

1. 知性題目：請閱讀上述說明後，以「目光」為題，陳述你對傷痕實驗的看法與心得，並陳述個人觀點。（文長 500 字）

2. 情意題目：上述引文提及臉部傷痕可能影響人們認知「他人對待自己的態度」。請以「傷痕」為題，描述個人有關傷痕的經驗，並寫出感受與領悟。（文長 500 字）

step 一：
圈一圈（圈出關鍵字，2 分鐘）

引文：美國科學家曾進行一項「傷痕實驗」，邀請志願者擔任實驗對象，由電影特效化妝師在其臉部化上皮開肉綻、令人不忍卒睹的假傷痕，藉此測驗人們對自己臉部有缺陷時的反應。實驗結束後，志願者紛紛表示，陌生人的眼光顯得不友善、帶有歧視意味等等。然而，早在志願者走出實驗室前，化妝師已以補妝為由，趁機卸除假傷痕；也就是說，志願者面對陌生人時，臉上並沒有任何傷痕，呈現的是自己原本的面貌。

以下兩則題目，任選其一作答即可。

1. 知性題目：請閱讀上述說明後，以「目光」為題，陳述你對傷痕實驗的看法與心得。（文長500字）

2. 情意題目：上述引文提及傷痕可能影響人們認知「他人對待自己的態度」。請以「傷痕」為題，描述個人有關傷痕的經驗，並寫出感受與領悟。（文長500字）

想一想（想用什麼哏，2分鐘）

首先，針對不同題型，可簡單劃分兩種書寫風格：

1. 名嘴體：論述個人觀點時必須如名嘴般條理分明、語氣鏗鏘有力，不可有兒語，文字也要簡潔。名嘴體適用於知性題，可以清楚分析引文並陳述個人觀點。

2. 文青體：文青喜歡文學、富有美感的事物，美詞佳句都能襯托文青心中的脫俗想法。文青體適用於情意題，以文字魅力引領讀者進入秀雅之境。

其次，在切換速度方面，由於國寫測驗同時考知性題和情意題，就像在一場比賽中既要比舉重，又要比芭蕾──知性題的每一字句都要有千鈞之力、擲地有聲；完成後要迅速轉換戰場，化百煉鋼為繞指柔，以文字為羽衣，攀上月宮折金桂。這種狀態就像演戲時分飾不同角色，心態來回切換一般。

其實，為了幫助演員快速進入角色，曾有劇場導演私下傳授相

關技巧，將其用於國寫測驗也相當實用：

1. 面具法：想像自己戴上文青面具，成為漫遊於老街、舉起單眼相機、捕捉午後懶貓的文藝青年；或戴上名嘴面具，在直播節目中提出批判且犀利的論述。

2. 切換法：在腦袋中想像一個切換器，寫知性題時切換為名嘴狀態，寫情意題時則切換為文青模式。

步驟三：
畫一畫（畫出布局圖，1分鐘）

知性題	
目光	
第一段	對傷痕實驗的看法：自卑感會影響對他人目光的判斷。100字
第二段	進一步的心得：我們如何對待生活，生活就如何反饋。150字
第三段	他人的目光是一面鏡子，與自我的認知及表現有關。150字
第四段	自己用全新目光看待世界，就不受他人目光綁架。100字

情意題	
傷痕	
第一段	傷痕實驗的感想：傷痕會傷了自己的心靈，也傷他人的理性。100字
第二段	舉例公車上的傷疤青年，改變乘客的看法。150字
第三段	感受：外貌並非評斷他人唯一的標準。150字
第四段	領悟：心靈能突破外表的設限。100字

步驟四：
寫一寫（寫出好文章，40 分鐘）

以下是示範作品，同學不妨比較一下兩種題型的寫作風格喔！

【範文欣賞】目光（知性題）

台北市陽明高中三年級 朱淏澤（錄取暨南大學應用化學系）

從傷痕實驗看來，人們始終無法正視自己的缺點，也由於自卑感，影響對他人目光的判斷。成功是多元的，每個人的價值觀皆有差異，因此，比起在意他人的想法，更重要是認識真正的自己。

傷痕實驗給我進一步的心得，就是自己如何審視自己，他人就會如何對待自己；自己如何看待自己，生活也會如何回報自己。正猶如滄浪之水或清或濁，可以濯纓或濯足，自己的微笑可招來春風，自己的惡語卻可喚起塵暴，這皆回歸於你如何看待自己。我們應該要積極面對自我，不受他人左右。

另一方面，事物不是非黑即白的。對我而言，他人目光即是一

面明鏡，我的表現決定它的呈現，事物得以相生相成——從容帶來和平，自卑受到歧視，叛逆招致挑釁，慈祥成就和藹，憤怒淪落仇恨……，如此而成就了人們豐沛的情感，我們更能從他人的目光，探尋自我的生存意義。

　　雖說每個人都渴望能被投注柔情的目光，使內心獲得期待之感，如此的窩心，正猶如踉蹌在寒風冷冽的失意空巷，越過那轉角，拾得那杯燃起心中火苗的溫醇熱飲，使人振奮，能拭去淚痕，勇敢邁向明日的朝曦。但若是能正視自我想法，以全新眼光看待世界，便不再受到世界綁架，更為堅強地挑戰世人眼光的逆襲。

（本文得分：19）

【範文欣賞】傷痕（情意題）

台北市中正高中三年級　陳彥齊（錄取元智大學資訊管理系）

　　一段思維從傷痕實驗延伸而來：傷痕不僅會傷了自己心靈，也會傷了他人理性。儘管大多數人都宣稱自己交際時不在乎外表，但與其追逐虛無縹渺的內心，人們更傾向於掌握自己所看見的外貌。就像繁碩的煙火，大家只想框住那一瞬間的閃焰，對於煙火本身的製作過程卻毫無熱忱。

在公車上，形形色色的人們互相穿梭，我曾見過一位青年，所有的人都避免坐在其左右，就只因為他左手臂上爬了一條惡龍般的刀痕。確實，我第一眼瞟過是把他定位成亡命之徒，抑或是不務正業的不良份子。接續的一幕卻出乎所有人的意料，一位年邁的老伯在煞車時失足跌坐到青年懷中，他非但沒有動怒，反而起身請老伯入座，頓時改寫了在場乘客對他的評價。

我認為，外貌固然是評斷一個人的標準之一，但它無法掩蓋一個人本身的品格。即便擁有令人稱羨的外表，自身不好的言行還是會間接影響到他人對自己的觀感。如同綠意盎然的叢林，看似平靜祥和，內裡卻是最原始的獵捕，充滿殺伐之氣的爭奪。

古人說：「相由心生」並非是毫無見解的，外表的震撼被拘限在第一印象，而後續觀察的整合才是一個人對待他人真正的評價。只要心中存有美德，即使是醜如鍾馗，也還是能突破外貌的縮限，贏得他人的敬重。

（本文得分：18）

【範文欣賞】傷痕（情意題）

台北市大直高中三年級　洪麒豐（錄取中央大學工學院學士班）

　　傷痕實驗的結果顯示：人們的煩惱之源，竟是自己的心魔。重大的創傷，給了心魔一個趁虛而入的空間，身上的傷被治癒了，但它也早在心扎根萌發，自此之後，視野中的人們多了幾分的凶惡，心中的不安便層層堆疊，好似困在霧中的登山客，縱使借了鐵扇公主的芭蕉扇奮力一揮，也吹不散那片濃厚的愁雲，一輩子被囚禁在混沌的陰霾中。

　　跨年夜，一陣狂歡，俄頃，已到了一點多，搭上小黃，飛馳回程的路上只有微弱的路燈指引，疲倦的我在規律的閃滅中幾乎要睡著，那個剎那，一串突兀的白光打破了舒適的頻率，迎面而來的一聲巨響正式打醒了我，無數的玻璃飛刃在我身上肆意的狂舞，下一次的清醒已在醫院的恢復室，雖然無大礙，臉上卻多了一道道鮮紅的裂谷。

　　自此之後，我便不再照鏡子，甚至留長一側的頭髮，試著去掩飾它，但縱使做了這麼多的努力，心頭的陰暗仍籠罩著我。路人，抑或是朋友的眼中多了和以往不同的灰色，在平日的交談間也開始感受到他們一絲來自內心的排斥感，最後，即使傷口痊癒了，完全

恢復成了原來的樣子，可在我的視野中，他們的不友善仍硬生生的擺在那裡，並沒有一絲一毫的改變。

　　身上的傷口難以癒合，但心理的創傷更難治癒，身上的傷痕就好似在為魔鬼造房間，一旦有了居所，它們便開始作祟，倘若沒有看開，很有可能在最後又給自己帶來更大的傷害。

（本文得分：19）

無痛學作文：

最新學測國寫應考技巧實戰練習

情意題篇

情意題 01
寫出你真正想說的

　　某年大學指考作文題目為「舉重若輕」，引起許多熱烈討論。學生們普遍認為題目難度頗高，不好發揮；部分家長認為考題過於老成，正值十七、八歲的學子不易產生共鳴；而不少老師也親自提筆，示範如何寫作。我們先來看看，這道題目是如何設計的：

題目：舉重若輕

說明：「舉重若輕」是一種應世的態度。人生中遇到重要的事或面對困難時，可以用審慎但泰然、輕鬆的態度處之；或者凡事用智慧，便能輕而易舉，勝任愉快。請根據自身經驗或見聞，以「舉重若輕」為題，寫一篇文章，論說、記敘、抒情皆可，文長不限。（占 25 分）

步驟一：
圈一圈（圈出關鍵字，2分鐘）

題目：==舉重若輕==

說明：「舉重若輕」是一種應世的態度。人生中遇到==重要的事==或面對==困難==時，可以用==審慎但泰然、輕鬆==的態度處之；或者凡事用智慧，便能輕而易舉，勝任愉快。請根據自身==經驗或見聞==，以「舉重若輕」為題，寫一篇文章，==論說、記敘、抒情皆可，文長不限==。（占25分）

步驟二：
想一想（想用什麼哏，2分鐘）

　　「舉重若輕」這四個字，每個字都是重點。第一，要有「舉」的經驗或觀察，是誰「舉」了生命中不可承受之重（大考中心表示，考生作答以諸葛亮為例是大宗；國文老師們的範文則偏愛蘇東坡）？第二，此「重」為何？把這件事情說清楚、講明白。第三，「若輕」，並非客觀上事情真的徹底解決了，而是主觀上、心理上或態度上，主人翁透過某種思考或體認，而一下子感到肩頭的重擔忽然輕省了。

　　想要獲得不錯的分數，適時引用古今中外的名人典故，輔以駢散交錯的美文，是作文應考的通則，但重點仍在寫出自己內心的真正想法，若是一味考據用典，講求瑰麗詞藻，恐怕斫傷了文章本身的真誠。如上述方程式所示，「真誠」才能讓「用典」和「詞藻」的分數加乘，不然就算典故精妙，語句高雅，裡面卻看不到懇切的情感，這篇作文也不過是一條無睛之龍，萬萬不可能騰飛升空的。

　　因此，與其為了使用典故、堆砌詞藻，寫一些非心之論，不如回歸基本面，以符合自己年紀背景的素材入題，規規矩矩的寫出題

目要求，就會顯得平實而動人了。當然，筆者提過應試作文的「政治正確」和「讀者意識」，也就是寫作內容必須符合閱卷老師的期待，以降低扣分風險，而 107 年度起的學測國寫為了鼓勵考生寫出自我想法，不少題目採取開放式設計，讓考生選擇自己贊同的立場去寫，立場模糊或鄉愿者，反而拿不到高分。以下範文的作者，是一位非常理工傾向的學生，卻也寫出了風格獨特的佳作呢！

步驟三：
畫一畫（畫出布局圖，1分鐘）

本題的文長不限，就以 600 字為基礎，作答時再看靈感狀況來增添字數。

題　目	舉重若輕
第一段	解釋「舉重若輕」的意思。100字
第二段	舉出數學家及太空任務的例子。200字
第三段	舉出自己面對數學競賽的例子。200字
第四段	重申「舉重若輕」之必要。100字

步驟四：
寫一寫（寫出好文章，40 分鐘）

【範文欣賞】舉重若輕

台北市建國中學三年級方家熙（錄取台灣大學物理系）

　　困難者，人生必經之途也。面對困難，以驚慌的態度處理者往往自亂陣腳，最終一無所成；而沉著待之、舉重若輕者，能準確掌握問題的核心，化危機為邁向成功的轉機。穩定的心理狀態，為決定危機處理效率之關鍵要素。

　　數學家丘成桐，為高維時空理論之奠基者之一，在與複雜的非線性方程奮鬥之時，陷入困境為無可避面的情況。丘教授之所以出類拔萃，乃在於其沉穩面對困難的態度，使其得以舉重若輕、有效的克服難題，終獲成功；另個實例是，一次阿波羅太空任務中，艙內發生爆炸，在一些維生裝備毀損的情形下，太空人並未驚慌地等待死亡迫近，而是組員互視，彼此拋給對方一個微笑，並冷靜規劃剩餘資源的分配，使存活可能性最大化，最終三位成員均安全地返回地球。可見，面對各種難題，舉重若輕的態度為不可或缺的因素。

我曾深刻體會心理狀態對思緒的影響力：在一次數學競賽中，我在一函數方程題上陷入膠著。儘管我一次次的分析題目，試著抵抗那隨著時間一刻刻流逝而撲天蓋地到來的緊張情緒，卻仍毫無進展。最終我決定闔上眼睛，待緊張情緒沉澱後，再返回戰場。此刻，我充滿自信的拿起筆，在沉穩的情緒下，任思緒恣意綻放，得以審慎的分析問題，並有系統的解決問題，舉重若輕、運籌帷幄，最終我成功的解得答案。顯見，審慎的面對問題並以平常心處之，將使我們得以全神貫注，進而有效克服難題。

　　人生中接踵而至的困境，往往如重擔般壓迫著我們的思緒，此時，若能以輕鬆幽默、不計得失的態度，沉著住氣的找到問題的癥結，並舉起心中的重擔，最終將可感到海闊天空般的快活。

（本文得分：18）

要感人，先感動自己

　　一篇引人入勝的文章，情感真摯、文句優美是不可或缺的要素，若能清楚交代親身經歷的事件，將使讀者更能領略所堅持的價值，也就是說，不僅要寫出一個感人經驗，還要寫出經驗帶給自己的意義，不管是珍惜、無常、在疼痛中學習、張開眼就能看見幸福巴拉巴拉巴拉巴拉……。有「台灣最會說故事的歐吉桑」之稱的名編導吳念真曾說：「能感動自己的故事，才能感動別人。」今天我們就要談談，如何將身邊看似平凡的故事，書寫成動人作品。

說明：生活中各種大大小小的規定，規範了人們的言談舉止，也形塑了成員的思想觀念。請以「成長中特別的規定」為題，擇一特別的規定，說明其特殊之處及為你帶給你的影響。（500 字以內。占25 分）

步驟一：
圈一圈（圈出關鍵字，2分鐘）

題目：成長中特別的規定

說明：生活中各種大大小小的**規定**，規範了人們的**言談舉止**，也形塑了成員的**思想觀念**。請以「**成長中特別的規定**」為題，**擇一**特別的規定，說明其**特殊之處**及為你帶來的**影響**。（**500字**以內。占 25 分）

想一想（想用什麼哏，2分鐘）

　　人類學家紀爾茲（Clifford Geertz）曾提出「厚描法（Thick Description）」，意即在研究人類活動時，不應只是單純描述或記錄行動，而是必須結合個案的條件、環境、認知、文化背景等因素，透過深入解讀、反思，才能理解行動背後的意義。而厚描法最主要的記錄工具就是文字，如果我們都能像人類學家打開五感，蹲點田野，就能夠發現更多生活的驚喜與文化的內涵。例如去年會考題目「從傳統習俗裡，我看見」，就是一個非常符合人類學的命題。這次，我們就要學著用人類學家的觀點，將生活周邊的所見所聞忠實記錄下來。

　　先來聊聊紀爾茲最有名的故事：他曾在峇里島研究鬥雞活動，由於當地政府禁止鬥雞，民眾多暗中進行，紀爾茲想進行研究卻一直不得其門而入，直到一次警察突襲，紀爾茲跟隨逃跑的民眾慌張躲進民宅，當地居民好奇這位外國朋友，才對他敞開心胸，紀爾茲也得以深入研究。紀爾茲強調，研究者必須深入研究對象的環境、文化，才能「理解他人的理解」，並進一步挖掘事件背後的意義。

　　紀爾茲曾以「男孩眨眼」為例，一名男孩看見同伴而眨眼，究

竟是沙子跑進眼睛？還是打暗號？抑或是惡作劇？如果要還原事件，就必須透過厚描法。換句話說，厚描法並非流水帳式的記錄，而是透過捕捉事件的蛛絲馬跡，或是動作，或是儀式，或是話語，收集場景、故事脈絡，並站在對方的立場觀看事件，藉以反映事件主角的價值觀，展現高度的人文關懷。同理，在寫作時，佈局、修辭等具體技巧固然重要，但文章呈現的價值和意義，才是寫作的真正核心。

回到這次的題目，規定，處處皆有，大從嚴謹的法規，小至遊戲的規則，都有明確的界定，然而規定設立的原因、用意及後續影響，才是文章的亮點所在。這次的範文中，先是描述家中禁令帶給小孩的影響，再寫到跨越規定界線後的窺見，最後理解了父親，也有所感悟，帶領讀者身歷其境，讀來意猶未盡。

最後，分享一個筆者自己的寫作心得：文章要感人，一定要先感動自己。在寫作過程中，自己都哈欠連連，那麼多半不妙；若寫得淚光閃閃，乃至臨表涕泣，就能肯定一篇佳作問世了。

步驟三：
畫一畫（畫出布局圖，1 分鐘）

文章限定 500 字，按照「首尾字數較少，中間字數較多」的結構原則，來安排各段落之作答字數。

題　目	成長中特別的規定
第一段	論述自己對規定的「看法」。100 字
第二段	敘述自家的一項特殊規定。150 字
第三段	打破規定的那一刻。150 字
第四段	影響：讓自己更了解父親的心意。100 字

寫一寫（寫出好文章，40 分鐘）

【範文欣賞】成長中最特別的規定

台北市建國中學一年級 賴庭毅

　　規定就像是一條鎖鏈，能將我們緊緊的束縛，進而影響各項行為舉止，有時戒律充滿著一股神祕感，能引起人們的好奇心，突破阻擋著前方的高牆，但當我們踏過那條界線後，便會發現複雜的規定中，蘊含的是無盡的關愛與虔敬的心意。

　　每逢春節，家家戶戶便會貼上春聯，孩童們歡樂嬉戲的神情使社區瀰漫著新春的喜氣，我與弟弟也高興的蹦蹦跳跳，但吸引我們的並不是令人垂涎欲滴的滷豬腳，也不是緊張刺激的發紅包時刻，而是頂樓那塊未知而神祕的地方。我常好奇，其中是否擁有珍貴的寶藏？抑或是像潘朵拉的盒子，藏著絕不容許打開的禁忌？那個地方，對我來說就如同隔絕的世界，是難以跨越的禁區，這項特別規定，使興奮與期待在我心底快速燃燒著，但疑惑仍然深藏其中。

　　有一天，爸爸終於帶我來到頂樓，我充滿好奇的推開那扇門，

映入眼簾的一切並不讓我感到恐懼，而是神聖、虔誠的光輝。看到跪拜於祖先前方的爸爸，雙手合十，眼神虔誠而恭敬，我突然領悟了，這個地方是與先人溝通的所在，能洗滌心靈，獲得保佑，對爸爸來說，這是家中最重要的庇佑，能為全家人帶來幸福，引領我們正確的方向。

　　自古以來，祭祖象徵人們對傳承的敬仰，我從爸爸虔誠的跪拜中了解他對保護這個地方的心意，也深深感受到他對先人的崇敬與感謝。

（本文得分：18）

情意題 03

丟掉形容詞，多寫一點畫面

在文章類型中，抒發內心情感的文章被歸類為抒情文。抒情文是透過文字表達情思，書寫心緒和情意。一篇扣人心弦的抒情文，並不是一味地堆砌大量的華麗辭彙，而是選擇適當的材料，輔以畫面描寫，將經驗或事件款款敘述、娓娓道來，引領讀者「浸」入文字所描述的世界中。

舉例來說，描寫農夫耕種情景時，哪一種寫法比較能引起讀者共鳴？

1.　農夫苦心竭力地耕田。

2. 農夫黑亮的臉頰汗如雨下，手中的鋤頭不停歇地叩著田。

　　是不是第二句讓人讀來比較有臨場感呢？

　　換言之，想要傳達心中的情緒，畫面描寫比起形容詞或成語更能打動人心。如朱自清《背影》中的「過鐵道時，他先將橘子散放在地上，自己慢慢爬下，再抱起橘子走。」鮮活描述父親吃力攀爬月台的模樣，我們便能直接感受深沉的父愛。

題目：童年往事

說明：當年紀逐漸增長，天真無邪、無憂無慮的童年時光，似乎總在腦海深處，出奇不意地閃現，有些令人莞爾，有些教人惆悵。請回憶兒時點滴，書寫一篇 400 字以內的抒情文。（佔 25 分）

步驟一：
圈一圈（圈出關鍵字，2分鐘）

題目：<mark>童年往事</mark>

說明：當年紀逐漸增長，天真無邪、無憂無慮的童年時光，似乎總在腦海深處，出奇不意地閃現，有些令人莞爾，有些教人惆悵。請<mark>回憶</mark>兒時點滴，書寫一篇書寫一篇<mark>400字以內</mark>的<mark>抒情文</mark>。（佔25分）

無痛學作文　179

步驟二：
想一想（想用什麼哏，2 分鐘）

　　這次的題目靈感來自沈復的《兒時記趣》，沈復文中提到自己童年因喜歡觀察事物，「故時有物外之趣」。物，是具體；趣，是抽象。描述抽象的閒情或情趣，人們常會運用大量的形容詞、成語，或堆疊華美字句，甚至喜歡使用冷僻字，這種寫法宛如空中閣樓，常使讀者一秒「出戲」。若要勾動讀者、使之會心一笑，應描述具體事物或經驗，才是真正的抒情方法，如此「寓情於物」、「寄情於景」，方為高明之作。

　　至於畫面描述要點，便是在具體生活中，細心留意各種大大小小的感官細節；而該選用哪些材料，則牽涉到個人的文學品味，建議不妨多觀摩名家作品，是最快入手的方法。

　　如沈復《兒時記趣》的「定神細視，以叢草為林，蟲蟻為獸」，具體寫出所見，即趣味十足；如琦君《下雨天真好》的「……大廳正中央燃起了亮晃晃的煤氣燈，發出嘶嘶的聲音。煤氣燈一亮，我就有做喜事的感覺……」，簡單幾句便道出家中歡騰的氣氛。

一樣描寫兒時的雨天回憶，以下這位同學描寫「打水仗」的樂趣，大量的畫面細節描述，讀來猶如置身其中呢！

步驟三：
畫一畫（畫出布局圖，1分鐘）

雖然題目規定要 400 字以內，但童年往事的項目不少，分為四段比較好發揮。

題　目	童年往事
第一段	雨聲敲醒了童年回憶。80 字
第二段	雨中撐傘。120 字
第三段	雨中嬉戲。120 字
第四段	懷念往事，感嘆日子不再。80 字

步驟四：
寫一寫（寫出好文章，40 分鐘）

【範文欣賞】童年往事

台北市師大附中一年級　吳柏霖

　　綿綿細雨從簷角匯聚成一條時光小流，滴滴答答，敲醒一段稚嫩的回憶，穿著滑稽制服的我們，總在下雨天開啟一場奇妙的旅行，它象徵一段美好光景，至今，那童年的嬉鬧，還是歷歷如繪。

　　冬日下午，冷冽的風與滂沱大雨一同到來，正當放學時分，老天爺似乎有什麼急事，雨下得更急更快，有的人拿起雨傘，飛快的往目的地衝刺，有的人像是陶醉在雨中的世界般，輕快的在雨中漫步，而我們，也沉浸在那美妙的雨中世界。

　　馬路上坑坑巴巴的凹洞，雨水總是靜靜累積在其中，我們往坑洞一踩，水花四濺，水滴像是士兵似的，勇猛衝出。接著，有人轉動傘柄，使所有人都被突如其來的水滴偷襲，但其他人也不甘示弱，以同樣的方式回攻，士兵們個個殺出重圍，向敵方猛烈攻去，每個人都玩得不亦樂乎，也被大雨沖得全身無一處是乾的。

看似無知的兒戲，卻是日後一再品味的珍饈，而課業壓力繁重，再也沒辦法重溫童年往事了。即使如此，那稚嫩的記憶也會藏在我心中的深處，閃動著天真的光輝。

（本文得分：18）

情意題 04
作文說謊，先打三十大板

在作文教學現場上，經常有學生提問：「老師，我可以用掰的嗎？」

寫作，是面對自我的書寫過程，在題目提示下，爬梳心中繁複的想法，一字一句構築文章。一篇理想的作文，除了必須符合題意、結構完整之外，也要輔以優美文字，或使用修辭，或運用成語，使作品展現文情並茂的意境。但值得一提的是，作文與小說、劇本的性質截然不同，既不能編造，也不可杜撰，相反地，更應該寫出真心誠意，才能打動人心，易經中的「修辭立其誠，所以居業也。」即是這個道理。

然而，對於一般學子來說，生命經驗比較單純，要在幾乎一成

不變的規律生活中找出特殊題材大書特寫，確實不容易，這也是許多同學選擇以「掰」的方式，捏造親身經歷的主因。憑空假造的文章，不論文句再如何精緻，還是能讓閱卷老師或讀者們嗅得「不真實」的味道，印象分數就先扣下來，簡直是「未見官，先打三十大板」。

還有一種情形是，同學們自認人微言輕，便假造一些名人典故或格言，讓作文看起來份量重一點，宋朝大文豪蘇軾上考進士時，以〈刑賞忠厚之至論〉為題，在文章中假稱「堯帝三次寬恕罪犯」，讓閱卷官梅堯臣驚為天人，特地將卷子舉荐給主考官歐陽修，但事後梅堯臣一問出處，蘇軾坦白是「想當然耳」（我自己猜想的）。畢竟蘇軾學問博達，方能活靈活現的「示現」虛構典故，而一般學子還是別用馬雲說、郭台銘說……之類的雞湯文，就想騙過經驗豐富的閱卷老師。

最後一種常見情況，就是「套路作文」。過去不少補教名師私相授受，用最少時間取得最高作文成績的方式，就是按照套路來寫作——先死背萬用句型、典故或事例，再利用排比寫法，一段段塞入，看似文采斐然，實則讀來矯情又令人生厭。其實上述方法，並非不能運用，但只能畫龍點睛，不能全本照演，否則豈不成了買櫝還珠的笑話。

筆者建議同學們，寫作時仍應取材真實事件，並著墨在具體描述，減少掉書袋、套格言，方能使文章更為真摯動人。但也有少數例外，如這次所附範文，破題就用排比套句，經歷也很像捏造，卻在細節上呈現真實度，未讓華美詞彙掩蓋了事件本身帶來的感動。

題目：喚

說明：在生命中，總有疼愛自己的人，喚著我們名，聲聲叮嚀，句句囑咐，只希望我們可以變得更好、走向寬廣的人生道路。你從這呼喚中，獲得了什麼？體會到了什麼？請書寫一篇文章。（佔25分）

步驟一：

圈一圈（圈出關鍵字，2分鐘）

題目：喚

說明：在生命中，總有**疼愛自己的人，喚著我們名**，聲聲叮嚀，句句囑咐，只希望我們可以變得更好、走向寬廣的人生道路。你從這呼喚中，**獲得**了什麼？**體會**到了什麼？請書寫一篇文章。（佔25分）

步驟二：
想一想（想用什麼哏，2分鐘）

　　一篇真誠的作品，記錄的是作者生命經驗，映現的是作者個人思維，在書寫的過程中，具體故事彷彿一條小徑，引領讀者進入文章主題；但以抽象描述個人思維，猶如一片寬敞廣闊的大草原，迎接讀者投入其中，真實貼近作者的心。

　　司馬中原曾在《回首》提及兒時好友，先以抽象形容友情的可貴：「人在戰亂當中，友情……像雕刻般的刻進生命裡去，留下永遠無法抹去的痕跡……。」接著再寫兩人從軍二十年後只短暫見過兩次面的情景，「一次是在二水車站……另一次是在我的家宅裡，他黃昏來訪，一盞茶的茶葉未沉，他就起身道別……。那一別成為永訣……。」最後，他再度感慨：「半生情誼，他留給我的是夢般的記憶，和一個寫在晚霞中的名字。」

　　在上文中，前後文對友情的喟嘆（像雕刻般的刻進生命裡、夢般的記憶），如果未有兩人短暫相見的具體故事（茶葉未沉，就起身道別），似乎就難以打動人心，更遑論讓讀者體會到作者心中的無限惆悵了。

以下範文的作者年紀雖輕，卻歷經一次真正的生離死別，從字裡行間的種種細節，就能判斷事件的真實性極高。如果同學生命中沒有這樣的故事，就別「為賦新詞強說『死』」，以免弄巧成拙，得不償失。

步驟三：
畫一畫（畫出布局圖，1分鐘）

題目完全沒提到字數限制，所以預計用 600 字來作答即可。

題　目	喚
第一段	用排比修辭，美化「喚」的概念。100 字
第二段	描寫老師對自己的親切呼喚。200 字
第三段	情節急轉直下，老師在飛機上猝逝。200 字
第四段	獲得與體會。100 字

寫一寫（寫出好文章，40 分鐘）

【範文欣賞】喚

台北市大直高中三年級檀立昂（錄取政治大學財金系）

是它，在敲打我的心窗！那點點音符，化為和煦的春風，撫慰昔日的傷痕；是它，在撥弄我的心弦！那段段旋律，降為即時甘霖，滋潤久旱不雨的心田；是它，在撞擊我的心鼓！陣陣節奏，灑為飽滿的種籽，終將長成來日茂密的綠蔭──那是身為師者的聲聲呼喚，是我生命中最特別的吟詠。

曾幾何時，隻身走在街頭上，一滴雨水打在我臉龐，在心頭激起圈圈漣漪，向四面八方漾開：國中考完會考，端午連假前幾天，擺脫準備大考時的緊張情緒，輕鬆自在的來到學校自習。全班氣氛比過往吵雜熱鬧，著實像颱風來前的菜市場；就連一向嚴厲的班導也陪起我們下象棋，望我們大考後能放鬆心情。午休時，老師把我叫了過去，說道：「會考完閒閒的，就看看雜誌增廣見聞吧！」於是借給我幾本科學人雜誌。這卻是老師與我的最後「遺言」，以及交給我的「遺物」。

端午連假結束，老師遲遲沒有回來，直到有一天，我們才得知老師在飛機上心臟病突發辭世而別了。突聞噩耗，當下的我愣住了，雙腳腳踝如同被綁上了千鈞巨石，心臟似乎忘了血液循環，四周霎時不聞任何聲響。我拖著兩塊巨石回到座位上，帶著沉甸甸的心怔怔地望著科學人雜誌。如今，那位關心我的老師已不在，可是他對我的期許卻仍在心中盪漾，如同汪洋大海，永不乾枯。

　　那老師期許的未來，那終將長成茂林的未來，那充滿無限可能及希望的未來，撫平我那受傷的心，積極迎向美好的未來。「人生不要怕壓力，要知道碳經過壓力才會變成鑽石」，老師在畢業紀念冊上留下的遺言，至今我仍銘刻於心，無法忘懷老師的呼喚，卻再也喚不回他。

（本文得分：19）

情意題 05

寫出日常中的震驚

　　風靡多國的電視影集「通靈少女」，精彩的故事為影迷所津津樂道，尤其劇中的經典台詞「我叫謝雅真，這是我十六歲的日常。」更成為影迷們爭相模仿的金句。這次我們要以這個句子為題，引導同學們寫出饒富個人色彩的青春日常。

　　題目：在千篇一律的日常生活中，是否偶有突如其來的事件，打破了平凡無奇的日子框架，使人耳目一新？請以「我的○○歲日常」為題，書寫生活中的點滴，以及從中獲得的感受和體悟。文長 500字以內。（佔 25 分）

步驟一：
圈一圈（圈出關鍵字，2分鐘）

題目：在千篇一律的日常生活中，是否偶有**突如其來的事件**，打破了平凡無奇的日子框架，使人耳目一新？請以「**我的○○歲日常**」**為題**，書寫生活中的點滴，以及從中獲得的**感受和體悟**。文長500字以內。（佔25分）

步驟二：
想一想（想用什麼哏，2分鐘）

　　「日常」是文青常用的詞彙，表示「平日」，也有「慣例」的意思。雖然我們並非戲劇中的角色，也未必會經歷劇中大風大浪的情節，但若能在一成不變的日子中提煉出詩意和故事，在下筆時就能如施展煉金術般，點石成金，使文章橫生妙趣。

　　一般而言，依照題目的難度，可將作文略分為兩種類型，一是難題易寫，也就是題目難度高，必須書寫個人獨特的觀點，如「用一種樂器形容自己」、「獨處的滋味」；另一則是易題難寫，這種題目千篇一律，寫起來容易淪為流水帳，如「難忘的畢業旅行」、「有趣的戶外教學」等。而「我的○○歲日常」便屬於後者。

　　要將簡單的題目寫出與眾不同的滋味，訣竅就在於「引起震驚」。詩聖杜甫曾說「語不驚人死不休」，法國文學家波特萊爾也認為，創作就是練習一種古怪的劍術，只為了製造一種震驚，以勾起讀者無意識的共鳴。

　　既然震驚效果仍必須從日常生活中提煉，那該如何下手？

請開啟你的慧眼，找出尋常日子裡的特別事件，或是在尋常事件裡找出獨特的意義吧！舉例如下：

1. 冰淇淋：冰淇淋是常見的點心，但是一支寒冬中的冰淇淋，卻留下了無限的思念，那是在好友轉學前夕，兩人分享的最後冰淇淋。此時，冰淇淋不再只是微不足道的日常點心，而是友誼的象徵。

2. 鉛筆盒：原子筆筆墨在鉛筆盒上留下點點痕跡，其中青綠色的墨漬是醒目而甜蜜的存在，那是每當想著心儀的他時，便不自覺地拿起筆點呀點，竟點出一片愛情。在此，原子筆墨漬是酸酸甜甜的初戀。

　　此外，「通靈少女」有不少經典台詞，也可以幫助同學找出日常生活中的意義，茲適度改寫如下：「失去越多東西，越懂得珍惜」、「我不後悔做過的事，只後悔那些沒做過的」、「真正的力量，不是與無形的世界連結，而是關心眼前的人」、「可怕的是『未知』？還是『害怕』本身呢？」善用這些句子，將其作為搜尋「震驚」與「意義」的關鍵，相信你也能在公式化的平凡日子中，抓住那不同凡響的一刻。

　　快拿起筆來，書寫一篇屬於自己青春歲月的日常吧！

步驟三：
畫一畫（畫出布局圖，1分鐘）

字數要求 500 字以內，那就以 500 字做為布局規劃。題目中的○○要填上自己年紀。

題　目	我的十五歲日常
第一段	簡述一日的流程。110 字
第二段	舉出一個突發事件。120 字
第三段	對此事件的感受。120 字
第四段	事件後的體悟。100 字

步驟四：
寫一寫（寫出好文章，40 分鐘）

【範文欣賞】我的十五歲日常
台北市薇閣中學高中部一年級陳彥穎

　　「噹——」吵雜的鬧鐘將優美的夢境逐走，把晨曦從遠方帶來，開始了我一天的生活；匆匆的吃完早餐便要去那每天不想見到卻又不得不見的學校，度過八堂課加上與同學嬉笑的時間後，背著沉重的課業回家；晚上，洗完舒服的澡，把白天的那些不愉快沖走，接著將堆積如山的功課做完，最後，深沉的疲憊將我的眼皮闔上，這就是我的日常。

　　在這平淡無奇的日常裡，每天的例行公事使我厭煩，每天的填鴨讓我覺得枯燥乏味，但每天的打鬧嬉笑卻如一把歡樂之刀，一刀一刀的將「無聊」割除，跟同學相處的分分秒秒，就構成了這把刀其中的一部分；然而時間卻不停地摧殘，使這把歡樂之刀變得笨鈍，讓我體驗了「景物依舊，人事已非」的淒涼。最近班上漸漸多出幾個空位，有些人因為家庭因素而出國，有些人因為志向而分道揚鑣，有些人因為生理因素而休學……，使無聊乏味的日常再度回

復。

這讓我開始猜想存在的意義，我要好的朋友都無情地被時間拉走，經過思考，我發現這就是所謂的人生無常，也讓我有了「人生得意須盡歡，莫使金樽空對月」的想法，盡情享受人生的每一分每一秒，畢竟人們不後悔做過的事，只後悔那些沒做過的。

夜晚，沉重的眼皮吸收了所有明亮的光芒，轉化成一場場的夢境，拾起了記憶裡那些遺漏的快樂，等待明天的到來。

（本文得分：18）

【範文欣賞】我的十五歲日常
台北歐洲學校高中部一年級謝達岳

當太陽升起，透過窗簾時，六點鐘的鬧鐘按時響起，睡意還在的我，爬出溫暖的被窩，進入了寒冷的世界，吃完了早點就搭上去校園的校車，這一路的車程也是好好補眠的機會。

到學校時，我才想起有一個對高中生涯有巨大影響的報告，這星期五要交，我卻毫無進展，我現在急得跟熱鍋上要臨死的螞蟻一

樣，不知如何是好，整天的課都沒專心聽，只擔心著禮拜五要交的項目。

回到家時，我使用如閃電俠的速度跑到了電腦前，打開了它，手指飛快的在鍵盤上跳動，一寫就到了晚上十點，累得頭一碰到枕頭就呼呼大睡，但在夢中又夢到自己辛苦趕工的報告不及格，也因為一晚上的折騰，隔天早上就爬不起來了。

「叮咚！叮咚！」卻不是電鈴聲，我看著我的手機，老師傳來的訊息中寫到：「對不起，我講錯了，繳交報告的截止日是下下星期五。」我當時恍然大悟，對自己說：「可怕的是那些未知的事物，還是害怕本身呢？」

（本文得分：17）

【範文欣賞】我的十五歲日常
台北市成功高中一年級蘇暄翔

清晨六點半，我帶著濃濃倦意醒來，匆匆吃完早餐，搭上捷運去學校。在車上，涼爽的冷氣，令我不自覺閉上雙眼，忽然發覺車已到站，我依依不捨的告別涼風，投入嶄新一天的擁抱。

第一節課，全班一片死寂，每個人都沒睡醒，頻頻打哈欠。但下課鐘聲一響，許多人似乎吃了提神劑，從座位跳起來，立馬衝去籃球場打球。每一節課如此的周而復始，大家彷彿將唯一希望寄託在下課了。某一節下課，我和同學一樣跑去打球，我的日常運動是多麼的舒暢啊！突然，一顆球打到籃框後朝我飛來，我試圖以手擋開，可是晚了一點，強烈的撞擊力迎面而來，瞬間眼前一片模糊，原來是眼鏡掉到地板，應聲而斷！

　　對於我這種近視偏重的人來說，沒戴眼鏡事件很痛苦的事，因為看不清楚。我試圖做了補救措施，把眼鏡黏好，戴好後，整個世界彷彿失去了平衡，變成斜斜的，非常不舒服。於是我拿下眼鏡，欣賞著朦朧的環境——數字成了一堆星星、國文成了一團黑墨……。模糊的世界固然不便，若能仔細發掘，仍可變得有趣——遠方一團褐色的垃圾，竟然是隻壁虎！

　　模糊的世界令人放鬆，但不消幾天，我仍然被拉回現實，戴上修好的眼鏡清楚的人、事、物又使我感到壓力降臨。然而這次經驗，讓我學到不要被外表所蒙騙，待看清後，才能立下判斷。

（本文得分：18）

情意題 06
看清題目卷上的每個字

僅僅兩個字，寫作就離題？

一所國中某次段考題目為「鳥的自述」，一位同學開頭便寫「如果我是鳥」，其中「如果」二字明顯違反命題「自述」的要求，被評為離題，分數令人目不忍睹！

目前會考及學測作文考試評分標準為零級至六級分，台師大心理與教育測驗研究發展中心訂出明確標準，若有空白或偏離題旨，即為零級分。也就是說，只要未能切合題目，即使文筆佳、詞彙講究、取材獨特……，都將功虧一簣！尤其近來考試潮流已從「命題式作文」趨向「引導式作文」，稍有不慎就有偏題的可能，今天我們就要談談如何掌握題旨。

題目是作文的核心，切合題意是得分的第一關鍵。一如閱讀文章，為了避免斷章取義造成的謬誤，通常都必須同時參考上下文，才能掌握脈絡，清楚了解文字真正的意思。在作文中，題目雖無前後文，但引導式作文中的「說明」規定了題目的主旨及範圍，正是引導考生理解脈絡的最佳輔助。換言之，在引導式作文中，說明也是題目的一部分，其中的重要資訊，是寫作前審題不可忽略的關鍵。更極端的說，題目卷上的每一個字，包括引文標題、作者、出處等等，都是題目的一部份，絕對不能忽視，也不能忽然恍神跳過要命的關鍵字。

　　「說明」，同時是引導式作文和傳統命題式作文最大不同之處。舉例來說，「方便」一詞具有歧義性，意思至少有便利、有益於他人的事、上廁所、佛教中的因材施教等等，如果以「方便」二字命題，考生寫出的作品將會五花八門，莫衷一是，但引導式作文的說明則能賦予題目明確定義，並鎖定寫作範圍。

題目：難忘的滋味

說明：滋味，可以是舌尖嘗到的味道，也可以是心頭領略的感受。請寫出關於滋味的經驗和回憶。（佔 25 分）

步驟一：

圈一圈（圈出關鍵字，2 分鐘）

題目：**難忘的滋味**

說明：滋味，可以是**舌尖嘗到的味道**，也可以是**心頭領略的感受**。請寫出關於滋味的**經驗**和**回憶**。（佔 25 分）

步驟二：
想一想（想用什麼哏，2分鐘）

　　作家張大春曾說，有次兒子學校作文題為「難忘的滋味」，當大家都書寫關於食物的滋味時，他兒子寫的卻是與爸爸打籃球的滋味，老師認定為「誤會題意」，而給了低分。如果在題目後面，加上清楚的說明，確認「滋味」二字的範圍，就不會造成學生的誤解了。

　　而此次題目的說明中，不把「滋味」只鎖定在味覺上，也含括心中各種感受。建議同學在書寫經驗時，可多用譬喻描述無形的「滋味」，例如「酸味如螺絲鑽入牙根」、「那甜化身為粉紅仙子躍入心坎」、「嫉妒是一道遮蔽理智的陰影」等。

　　範文中的這位同學，便以味覺的滋味形容內心的感受，使讀者更能透過味覺的類比體會真實的情感。

畫一畫（畫出布局圖，1分鐘）

題目說明「滋味」可以是味道，或是感受；要求寫出經驗，或是回憶。我們可以安排「用一次吃東西的經驗」帶出「一段吃同樣東西的回憶及感受」，那麼就把題目所有的範圍都包進去了，也讓文章顯得更有層次。

本題沒有限制字數，因此以 600 字為作答基準。

題　目	難忘的滋味
第一段	從情境描寫來破題。100 字
第二段	寫一個有關味道經驗。200 字
第三段	從這個味道勾起什麼回憶。200 字
第四段	這段回憶在心裡產生什麼滋味。100 字

步驟四：
寫一寫（寫出好文章，40分鐘）

【範文欣賞】難忘的滋味
台北市大安高工一年級鍾賢民

　　車水馬龍的大街上，搖曳的燈光下，爸爸牽著我的小手，那粗糙的手，留下辛勞的痕跡，當那扇熟悉的自動門開啟，爸爸帶我到相同的角落，換上他整潔的工作服，走進他最了解的戰場，拿起他的鍋鏟與戰友一同奮鬥。

　　每次他休假，我就會纏著他陪我，不管有沒有出去玩都沒關係，即使一起去倒垃圾，一起看霹靂布袋戲，我都格外開心。有時他會端出獨門風味的炒飯給我，有時會帶著媽媽和我回到他成長的鄉村，一起走在田野間、小徑裡，聽他訴說小時候的種種趣事，這種甜，比糖果還甜。

　　其實他休假的時間很少，一個月最多三、五天，常常天還沒亮就得去上班，夜晚下班後還會和同事一起喝酒應酬，也許是工作壓力太大，導致每天都要喝酒才睡得著，成天帶著一張醺紅的臉，日

復一日，情況每況愈下，加上不願意就診，自己買成藥吃，最後便因為猛爆性肝炎倒下，提早離開身邊的戰友和家人。他離我們而去的這種苦，就像連皮一起吃下的檸檬，酸味退去之後，徒留滿腔的苦，隨著時間的流逝，這苦味卻不曾消失，反而愈來愈重。

　　儘管事隔多年，每次回想起爸爸在世時的點點滴滴，心中都還泛著微微苦澀。現在每年仍會回鄉下祭拜祖先，走在那些和爸爸曾經走過的地方，心底又不由自主冒出一股甜意，尤其看著爸爸的照片，以前的記憶便歷歷在目，宛如昨日一般。爸爸慣用的陶瓷杯，依然靜靜躺在茶桌上，只是現在主人換成我了，我用這只杯子啜一口茶，細細感受想念爸爸的滋味。

（本文得分：19）

情意題 07

題目有兩層，
你看見了嗎？

台灣是美食王國，價位平民、富有創意的小吃尤其令觀光客印象深刻。根據報載，在 2017 年由台北市舉辦的世大運中，鹹酥雞、牛肉麵和蔥油餅都是選手村裡超人氣的台灣美味，尤其前兩者，其受歡迎的程度，使廚師即使到了凌晨 12 時仍忙著烹調。這次，我們就來練習寫美食，將台灣特有的美味推向全世界。

題目：「民以食為天」，從飲食可以窺見人們的生活、個性、信仰等。如果有機會向外國觀光客介紹台灣的特色，哪一種小吃是最能象徵台灣的呢？請以「最能代表台灣的小吃」為題，寫一篇不少於 500 字的作文。（佔 25 分）

步驟一：
圈一圈（圈出關鍵字，2 分鐘）

題目：「民以食為天」，從飲食可以窺見人們的**生活、個性、信仰**等。如果有機會向外國觀光客介紹台灣的特色，哪一種**小吃**是最能象徵台灣的呢？請以「**最能代表**台灣的小吃」為題，寫一篇**不少於500字**的作文。（佔 25 分）

步驟二：
想一想（想用什麼哏，2 分鐘）

　　一個具有深度的作文題目，又可分「顯題目」和「潛題目」，前者是字面意思，後者是弦外之音。例如上述題目，也可分為兩層，除了第一層的「台灣小吃」（顯題目）之外，背後還潛藏另一個重點「代表台灣」（隱題目），書寫時必須先寫出小吃特色，再說明該小吃象徵哪一種台灣精神，兩者兼具，審題才算全面。

　　首先，小吃的選項應避免地區化。台灣小吃種類繁多，難以計數，如基隆鼎邊銼、宜蘭三星蔥、台南棺材板、花蓮花蓮薯等，但這些小吃僅是地區性的獨特食物，因此建議選擇全台灣較通俗常見的食物，如珍珠奶茶、炸雞排、蚵仔煎、車輪餅等，也就是說，應儘量挑選共通性較高的國民美食，最好是不分南北，老少咸宜。

　　其次，題目有個「最」字，表示只能舉一項食物為例；「小吃」，就只能是街頭常見的平民美食，甜鹹都行，不宜寫什麼高檔名菜；而「代表台灣」，可以是帶有人民共感、歷史傳承，或具備族群意象等。舉例來說，大腸包小腸將兩種截然不同的食物合為一體，使饕客能同時享受糯米腸和香腸的雙重美味，象徵台灣人民具有包

容、接納的特質；又如炸雞排，口味可隨顧客喜好調配，雖然主體都是外酥內嫩的炸雞，但加上不同的調味粉（胡椒粉、咖哩粉、梅子粉……），就有了天南地北的美味，從中可窺見台灣人民樂於改變、勇於創新的精神。

此外，食物具體的色、香、味、口感，都應有清楚的細節描寫，品嚐時所勾起的往事也是重點。法國作家普魯斯特說他念念不忘童年吃過的瑪德蘭餅，而食物是一段記憶尾巴，會將整串遺失的往事勾出來。簡言之，若能寫出這項小吃讓你想起什麼過往情事，文章將更具吸引力。

最後提醒同學，本次書寫時最應勾出台灣印象而非個人回憶，若一味偏向個人經驗，就會變成「印象深刻的台灣小吃」，漏失了「代表台灣」的理由，那就偏離題目了喔！

步驟三：
畫一畫（畫出布局圖，1 分鐘）

本題字數規定「不少於 500 字」，就先用 500 字為標準，作答時字數只能增加，不能減少。

題　目	最能代表台灣的小吃
第一段	描寫生活情境來破題。100 字
第二段	挑選這項小吃的原因。150 字
第三段	描寫該小吃的色香味及料理過程等。150 字
第四段	它最能代表台灣的原因。100 字

步驟四：
寫一寫（寫出好文章，40 分鐘）

【範文欣賞】最能代表臺灣的小吃
復興商工美工科三年級吳秉澄（錄取輔仁大學大傳學程）

　　拖著疲憊的身軀，步行在繁忙的街道上。每當在生活中受委屈，巷口的這間滷味攤，總是在我遇到挫折時，使我重新振作。網勺中的食料在滾燙的湯頭中翻滾著，老闆娘熟練的將其倒入塑膠袋中，而我提著這袋混著「犒賞」及「安慰」的街頭料理，繼續走在喧鬧都市一角。

　　一成不變的生活中，這項獨特的台灣小吃，總是在我陷入人生低潮時，重新給我力量。來到攤販前，拿起紅色網碗、黃色夾子，在令人眼花撩亂的配料中，挑選自己的喜愛，透過這項程序，彷彿在訴說著，只有自己能夠選擇想要的生活，人生不該被他人操縱著，也只有自己最明白心中真正的渴望。

　　散發著令人垂涎三尺的蒸氣，淋上冰涼的醬汁，搭配一杯飲品，可是人生一大享受，看著這盤料理，米血糕、甜不辣、牛胃、

豬耳朵……等各式各樣的配料，當它們合而為一，就成了一道獨特的食物。而令我最難以忘懷的是那一塊塊的暗紅，爽滑的身子，外表溫馴，內在豐滿，伴隨著麻辣湯汁流進的內心深處，從此無法抗拒對它的好感。

當這些配料團結起來，原本互相沾不上邊的彼此，這才發現原來當它們在一起時是如此的相配，象徵台灣人親切的特質，不管對方是什麼種族、什麼血統，只要遇到陌生人，都願意大方的對他人敞開心胸，一如滷味大膽的搭配，而只有你自己能夠決定要如何為人生調配，滷味不愧是代表台灣的獨特小吃。

（本文得分：18）

情意題 08
真實，才有溫度

　　前陣子新課綱制定引發了文言文與白話文之爭，兩派學者各有主張。其實語文本來就會隨著時間不斷演進而變化，就算同一個詞語，在不同時代、不同地區，甚至不同語氣之下，意義也就發生了位移，實在不必固守某種語文風景，更不宜厚遠薄近、貴古賤今。

　　話說回來，不論是文言文，抑或是白話文，文章創作應建立在「真誠」的基礎上，方能帶給讀者最真實的感動。今天，我們就要談談如何寫出一篇忠於個人情感的作文。

題目：這件事使我更瞭解自己

說明：生命是由大大小小的經驗堆疊而成，請選擇一個曾經歷過的

事件，仔細描述過程，以及從這件事中，發現自己哪些不曾注意的面向。（佔 25 分）

步驟一：
圈一圈（圈出關鍵字，2 分鐘）

題目：這件事使我<mark>更</mark>瞭解自己

說明：生命是由大大小小的經驗堆疊而成，請選擇一個<mark>曾經歷過的事件</mark>，仔細描述<mark>過程</mark>，以及從這件事中，你發現自己哪些<mark>不曾注意的面向</mark>。（佔 25 分）

步驟二：
想一想（想用什麼哏，2 分鐘）

　　作文是抒發情感、感懷事物，然而有些作品卻不容易打動人心，以一般學子作品為例，最容易犯下兩種錯誤：

1. 辭溢乎情：就是假掰文。運用大量的華麗辭彙、艱深成語堆砌文章，乍看之下情感澎湃洶湧，細細閱讀，才發現因果邏輯不順，情感也顯得薄弱，讀來有「假惺惺」的感受。

2. 情溢乎辭：就是結巴文。不僅遣詞用句過於直白，還一再重複，無法運用適切的文字表達感情，令人有「隔靴搔癢」之感。

　　為了避免上述狀況，建議同學們在寫作時應把握下列重點：

1. 要寫真實經驗：許多同學有「作文就是要造假」的謬見，例如遇到「捨不得」這種題目，家中長輩總是莫名其妙「被賜死」，由於事件憑空杜撰，寫起來便不合常理，漏洞百出。希臘哲學家亞里斯多德曾表示，情感是說服力三要素之一。一篇感動人心的作文，必須由心出發，方能說服讀者，勾動讀者心靈。因此，請同

學們務必從真實生命中萃取經驗，才不致弄巧成拙。

2.　學習名家用句：若詞語比較直白，多觀摩、模仿名家句子，就可提升自己的文字能力，例如司馬中原的「打開稿箋，讓我的精神在格子上一步步行走時，人世便變為廣闊無涯的瀚海，永遠也走不到邊了。」侯文詠的「似乎有一些色彩鮮明的記憶像魚一般，沿著時光輕盈地游了過來。」都能使文字更具魅力。

步驟三：
畫一畫（畫出布局圖，1 分鐘）

題目中的「更」字，表示要先寫一段「舊的自我認知」，再透過某個事件「認識新的自己」，因此段落可以從 4 段加到 5 段。本題沒有限制字數，所以用 600 字為基準，在作答時可視情況酌量增減。

題　目	這件事使我更了解自己
第一段	用一件物品勾起回憶。100 字
第二段	描述事件起源，與當時的自我認知。150 字
第三段	描述事件轉折。150 字
第四段	重新了解自我的契機。150 字
第五段	表達感謝。100 字

寫一寫（寫出好文章，40 分鐘）

【範文欣賞】這件事使我更瞭解自己

台北市明倫高中一年級林彥儀

　　永遠忘不了老師那一張臉龐，還有一本棕灰色、充滿回憶的一本小冊子；每當除夕大掃除時，從一架已然佈滿一層濃厚灰霜的書櫃中，翻敲出這本冊子，腦海內的記憶體便會外洩，湧上心頭。上方斗大的標題刻著三枚身穿綠裝的字體：「作文簿」。

　　正值臘月時節，一陣無情的東北風從教室之間呼嘯而過；轉瞬間，寒意四起。老師舉起了竹棍朝著講台拍擊，台下的同學光是一陣驚嚇，接著就是此起彼落的哀怨聲；失落的神情全部寫在了同學的臉龐上，作文的題目再次浮現於黑板上；那強而有力的字體，個個向我示威，讓我無奈的心情更加失魂落魄。

　　隔天，呈上了作文簿，教室內除了老師的紅筆在紙頁間徘徊的窸窣聲，大概耳中也尋不見任何聲音了。不一會兒，老師走近我的身旁，此時的我更加徬徨不安；屏氣凝神的等待著老師開口。只見

老師輕輕的遞上了作文簿，我用我那被汗水沾濕的雙手慌忙接過，並翻至佈滿字體的那一頁——我瞪大了我的雙眼。

底角下，那一行矮小但工整的字眼更是讓我目瞪口呆——「文筆甚佳，字跡更為精美，如足下這般大文豪風氣之人不多矣！」而回首一視，平時帶著冷淡、嚴肅神情的老師在那一瞬間，消失得無影無蹤；而僅存的，只剩下一絲淡淡的微笑。從此，同學見我便帶有幾分敬意，也會有同學時時向我請教寫字的祕方，那時，「大文豪」的名聲，就此打響。

李白將進酒有云：「天生我材必有用。」只不過沒料到，簡短的一行字，竟然是一把強而有力的鏟子，把我的潛能從泥土中挖掘出來。從今，更懂得利用自身的優勢去開創自己的一片天，而且全歸功於當年的那位恩師，以及紙角邊的那一行紅字。

（本文得分：18）

鍛鍊你的文字肌肉

　　精彩的文句創意，是引領讀者進入作品的叩門磚，詩聖杜甫以「為人性僻耽佳句，語不驚人死不休」形容自己創作的態度，也就是逐字推敲、琢磨，以達到出奇制勝的效果。而在寫作測驗中，好文筆更是得分的關鍵。今天，我們就要練習三種提升文字魅力的方法，幫助同學們擺脫陳腔濫調，寫出新鮮味。

　　文字魅力從何而來？中國文學評論家舒明月曾說：「富有畫面感、音樂感和新鮮感的文字驚豔於人，是文學的永恆準則，也是『好文筆』的定義。」筆下文字具有魅力，就是好文筆，在作者豐富的想像力下，以創意巧思組合出別具風格的字句，將帶給讀者耳目一新的「悅」讀感受。

舉例來說，《莊子》中描述時光飛逝的「白駒過隙」，當時路上常見的運輸工具就是馬匹，以白馬在狹隙前飛快躍過的景象，比喻時間流逝之快，既具動態畫面，更是妙趣橫生，十分貼合戰國時代民情。但在現今的時空背景下，街頭常見的並不是駿馬奔馳，而是對人搖尾乞憐的小黑小黃小花小白，若只是一味沿用古人創意，不但顯得掉漆，也有偷懶之嫌。因此，當古人以「白雲蒼狗」比喻世事變幻無常時，文學家杏林子則說「時間的巨輪總會輾過最崎嶇的道路」，除了概念相仿之外，更能展現工業時代後快速變遷的壓迫，創造了屬於近代的獨有文句。

題目：擺脫早八晚五的中學生活，進入大學後，學子們將自行安排學習，深入知識堂奧，汲取生命養分，充實自我。請選擇一個字，描述你對未來大學生活的期盼和想像。（佔 25 分）

步驟一：
圈一圈（圈出關鍵字，2 分鐘）

題目：擺脫早八晚五的中學生活，進入大學後，學子們將自行安排學習，深入**知識**堂奧，汲取生命**養分**，充實**自我**。請選擇**一個字**，描述你對未來大學生活的**期盼**和**想像**。（佔 25 分）

想一想（想用什麼哏，2 分鐘）

　　這個題目對於文字要求甚高，除了用一個字概括四年大學生活，還要符合文藻華美的情意題條件。時下流行的健身房重量訓練，轉向陌生的核心肌群，並要求提高肌肉量，讓肌肉再生；而文字訓練亦然。若想一下筆就令人驚艷，建議同學從下列三個方法著手：

一、文字陌生化

　　將常見的用語，轉換若干字，就能帶來有點陌生又微微熟悉的驚喜，例如張愛玲形容後母震耳的高音時，便以「銳叫」取代慣用的「尖叫」，那「銳」比「尖」多了「鋒利」之意，後母的不懷好意也昭然若揭。

二、提升文字密度

高密度的文字，用最簡短的語句呈現最豐滿的意境，例如同樣使用兩個字，「殘花」就比「花朵」意思更飽滿，文字密度更高；「一彎銀月」比「一個月亮」多了月形與月色，文字密度也較高。五言絕句是高密度文字的最佳範例，每個字都經過作者細細斟酌，方能流傳千古。詩人盧延讓的「吟安一個字，撚斷數莖鬚」、賈島的「二句三年得，一吟雙淚流」，皆是形容創作時精益求精的態度。

三、老詞活化

將熟悉的詞句，透過修辭技巧的移覺法和擬實法，重組之後，就能帶來趣味盎然的新意，例如移覺法「聽一段月光」是聽覺轉為視覺、「撫摸花香」是觸覺轉為嗅覺；擬實法的變化就更多了，如「舔舐哀傷」、「繫上一段思念」等。現在流行音樂不少歌詞也採用擬實法，如五月天的「直到約定融化成笑顏」、方文山的「一壺漂泊，浪跡天涯難入喉」等，都是以活化老詞的方法，為歌曲添新意。

這三種方法，都能提煉文句的豐富度，讓作品更引人入勝，也展現了你對文字的創意和品味。下面這篇作品便有不少創新與活化的文字，一起來欣賞吧！

步驟三：
畫一畫（畫出布局圖，1 分鐘）

本題沒有限制字數，依然以 600 字為標準，作答時再看情況增刪篇幅。

題　目	以一個字形容未來大學生活：慢
第一段	描述大學校園的悠閒氛圍。100 字
第二段	描述想像中的課堂即景。200 字
第三段	寫出自我成長最重要的養分：朋友。200 字
第四段	一個字點出期盼的大學生活：慢。100 字

步驟四：
寫一寫（寫出好文章，40 分鐘）

【範文欣賞】用一個字形容未來大學生活：慢

台北康橋國際學校高中部一年級吳紹齊

　　金陽斜照那慢搖的綠樹，深邃的柏油，在我腳下深睡，這裡的一切都如郊外般，寧靜、緩慢，拋棄過往的急促，鐘聲在校園中輕輕飄曳，草地上的葉，凝結著一顆顆的水滴，風輕輕的吹拂，真希望時間能恆久停止在這片光景。

　　台上的教授，言緩，但字字句句卻又如一個個密碼，讓台下的莘莘學子們在腦中解密，若此時教授天外飛來一筆，或許台下許多人緊繃的神經便會突然斷掉，然後跟著一起笑，而此時便是觀察誰不認真的最佳時機。

　　憶起國高中時期，曾有老師對我們說：「我大學時期的好友，是我此生最重要，且還有連繫的朋友。」在大學生活中，若三兩好友結伴走在路上，偶爾一陣嬉笑傳遍校園，為這靜幽的校園妝點了幾筆燦爛，豈非人生一大樂事？橘夕傾照那歪斜的群群腳踏車，這

無痛學作文　235

美好的一天便如那飄落的枯葉般，即將結束，若早晨就已如此的美麗，想必那清涼的夜，應該更加瑰麗吧！

　　萬物的熟成，便是經過時間的淬鍊，想必知識也是一樣，日積月累的蒸餾，才能提取出最純粹的知識。既然已走入高等教育的殿堂，自己不再走馬看花，而是處處留下生命的足跡。為此，我替未來大學四年生活許下一個字：慢。

（本文得分：17）

模仿前人並不可恥

一篇吸睛的作文，華美詞藻往往是關鍵，而參酌前人創作的方法，萃取精華，能有效提升字句的精緻度。今天我們就來談談「奪胎換骨法」和「點鐵成金法」。

引文：寒蟬淒切，對長亭晚，驟雨初歇。都門帳飲無緒，留戀處，蘭舟催發。執手相看淚眼，竟無語凝噎。念去去千里煙波，暮靄沉沉楚天闊。多情自古傷離別。更那堪，冷落清秋節。今宵酒醒何處？楊柳岸、曉風殘月。此去經年，應是良辰好景虛設。便縱有千種風情，更與何人說？（柳永〈雨霖鈴〉）

題目：以上作品是描繪夜晚不眠的心情，請以「夜未眠」為題，分析作者心境，並寫出個人經驗與感受。文長500字以內。（佔25分）

圈一圈（圈出關鍵字，2分鐘）

引文：寒蟬淒切，對長亭晚，驟雨初歇。都門帳飲無緒，留戀處，蘭舟催發。執手相看淚眼，竟無語凝噎。念去去千里煙波，暮靄沉沉楚天闊。多情自古傷離別。更那堪，冷落清秋節。今宵酒醒何處？楊柳岸、曉風殘月。此去經年，應是良辰好景虛設。便縱有千種風情，更與何人說？（柳永〈雨霖鈴〉）

題目：以上作品是描繪夜晚不眠的心情，請以「夜未眠」為題，分析作者心境，並寫出個人經驗與感受。文長500字以內。（佔25分）

步驟二：
想一想（想用什麼哏，2分鐘）

　　江西師派祖師黃庭堅說過寫作是有方法的：「不易其意而造其語，謂之換骨法；窺入其意而形容之，謂之奪胎法。」「古之能為文章者，真能陶冶萬物，雖取古人之陳言入於翰墨，如靈丹一粒，點鐵成金也。」在現代作文亦然，同學們若能模仿前人字句、結構及意境，甚至改造翻新，就能寫出令人驚豔的內容。正所謂「天下文章一大抄，山寨其實沒多糟」，連人家大文豪都死抄活抄，抄出歡樂抄出愛，還能提出一套理論呢！

一、奪胎換骨法

1. 換骨法：形式或文字改變，但意境不變。也就是比照原來句型，修改部分字句，一如照樣造句。

2. 奪胎法：更動詞彙，改變意境。也就是以舊句子為基礎，創造新意境，達到青出於藍的地步。

二、點鐵成金法

直接取文章關鍵字，活化意境或創造新意境。

例句：當上帝賜給你荒野時，就意味著，他要你成為高飛的鷹。
（簡媜《微暈的樹林》）

換骨法→當上帝賜給你一片汪洋，表示你將成為優游的巨鯨。

奪胎法→孤鷹飛行在無垠曠野，不只是實現與生俱來的使命，
更是為了彰顯上帝的恩典。

點鐵成金法→日夜不息的鷹，終於飛抵那片應許的荒野。

步驟三：
畫一畫（畫出布局圖，1分鐘）

本題文長限 400 字，又要求分析引文作者的心境，因此，先提撥一段解決這個小題，再用兩段依序寫出自己經驗、感受。若行有餘力，可多舉一段失眠獲得的體悟。

題　目	夜未眠
第一段	先分析作者心境，看不太懂就少寫，看得很懂就多寫。100 字
第二段	再舉自己的失眠經驗。150 字
第三段	抒發失眠的感受。150 字
第四段	失眠經驗帶來的啟發。100 字

步驟四：
寫一寫（寫出好文章，40 分鐘）

【範文欣賞】夜未眠

台北市麗山高中三年級蕭力綸（錄取中央大學土木系）

　　月掛當空，清光幽幽。柳永的〈雨霖鈴〉抒發清寒冷夜對人的思念，縱有眼前良辰盛景，卻只可一人品味，形同虛物；是為思念之苦而失眠。

　　然而，人生在世，無可久存，不如在苦長的闇夜秉燭而遊，把握當下，即時行樂，莫至衰老期，方恨未即時——如此的意境反而是我更加嚮往的。東昇的朝日每每是痛苦的開始，九小時的學習使我身心俱疲，渴望在夜深人靜時獲得放鬆。在柳永眼中的苦悶長夜卻是我尋樂的良時。

　　清冷的秋日，夜晚格外漫長。多數人想及早投奔軟床的懷抱。我則在夜蟬鳴鳴時，遨遊於玄幻的小說亂世中，急馳於大墟焦土上，探索未知的奧秘；在咻咻疾風中，感受人生的快意；於轟轟雷鳴下，盡顯無邊的豪情。這是我的晚眠中，才可尋得的樂趣。

夜未眠，能是經意而為，也可是迫於無奈；能為苦悶長夜，也可為樂趣無窮。對我而言，晚睡而得的時光是放鬆的，亦是與自我相處的珍貴時光。

（本文得分：18）

【範文欣賞】夜未眠

台北市中正高中三年級陳彥齊（錄取元智大學資訊管理系）

柳永〈雨霖鈴〉揭示不眠夜裡的感悟，凝望眼前良辰美景，卻無法與想念的人傾訴，是為柳永對人生的悲歎。

不同於柳永的心境，對我來說，失眠長夜更帶給我快樂。有時身體微恙，可以憶起晨間時光的體悟、珍藏豐富人生的光彩，也可以是一種對未知明日的渴求。在萬籟聚集的碳色布幕下，總能激撞出各種熾白的亮芒。

想起過往光景，出外旅遊的前一晚總會讓我輾轉反側，但卻不覺痛苦，反而期待著日月交替的那一刻，好讓早已沛然的興奮宣洩而出。有時我會淺飲牛奶或花茶使情緒沈澱，甚至開窗仰視星塵，使身心全然舒鬆。但黑夜裡，或寤或寐，我認為因人而異，有些人徹夜打拚，縱使星空高掛也不減其鬥志；有些人卻會越睡越累，無

法驅散那說不出的疲倦，與其膠著於眼前靜夜，不如暢酣盡興。

　　不論是對天長嘆，或是秉燭夜遊，只要能做到「為樂當及時」，即使失眠也難蓋豪放的氣勢，難掩四射的青春。

（本文得分：19）

國家圖書館出版品預行編目資料

無痛學作文 : 最新學測國寫應考技巧實戰練習 / 黃玄, 蔡
惠芬合著. -- 初版. -- 臺北市 : 遠流, 2020.08
　　面；　公分
ISBN 978-957-32-8837-4(平裝)

1.漢語教學 2.寫作法 3.作文 4.中等教育

524.313　　　　　　　　　　　　　　109009652

無痛學作文

最新學測國寫應考技巧實戰練習

作　　者　黃玄、蔡惠芬
行銷企畫　劉妍伶
執行編輯　陳希林
封面設計　陳文德
內文構成　6 宅貓

發 行 人　王榮文
出版發行　遠流出版事業股份有限公司
地　　址　臺北市南昌路 2 段 81 號 6 樓
客服電話　02-2392-6899
傳　　真　02-2392-6658
郵　　撥　0189456-1
著作權顧問　蕭雄淋律師
2020 年 10 月 01 日　初版一刷
定價　新台幣 360 元（如有缺頁或破損，請寄回更換）
有著作權　‧　侵害必究 Printed in Taiwan
978-957-32-8837-4
ᴟ*ib* 遠流博識網　http://www.ylib.com　E-mail: ylib@ylib.com